长江文明之旅

总顾问　冯天瑜　钮新强
总主编　刘玉堂　王玉德

长江流域的楼台亭阁

金桂云　张远琴　编著

长江出版社

长江文明馆献辞

（代序一）

冯天瑜

无边落木萧萧下，

不尽长江滚滚来。

——杜甫《登高》

江河提供人类生活及生产不可或缺的淡水，并造就深入陆地的水路交通线，江河流域得以成为人类文明的发祥地、现代文明繁衍畅达的处所。因此，兼收自然地理、经济地理、人文地理旨趣的流域文明研究经久不衰。尼罗河、幼发拉底—底格里斯河、印度河、恒河、莱茵河、多瑙河、伏尔加河、亚马孙河、密西西比河、黄河、珠江等河流文明，竞相引起世人关注，而作为中国“母亲河”之一的长江，更以丰饶的自然秉赋、悠远深邃的文化积淀、广阔无垠的发展前景，理所当然成为江河文明研究的翘楚。历史呼唤、现实诉求，长江文明馆应运而生。她以“长江之歌 文明之旅”为主题，以水孕育人类、人类创造文明、文明融于生态为主线，紧紧围绕“走进长江”、“感知文明”和“最长江”三大核心板块，利用现代多媒体等手段，全方位展现长江流域的旖旎风光、悠久历史和璀璨文明。

干流长度居亚洲第一、世界第三的长江，地处亚热带北沿，人类文明发生线——北纬30° 线横贯流域。而此纬线通过的几大人类古文明区（印度河流域，两河流域、尼罗河流域等）因亚热带副高压控制，多是气候干热的沙漠地带，作为文明发展基石的农业仰赖江河灌溉，故有“埃及是尼罗河赠礼”之说。然而，长江得大自然眷顾，亚洲大陆中部崛起的青藏高原和横断山脉阻挡来自太平洋季风的水汽，凝集巫山云雨，致使这里水热资源并富，最适宜人类生存发展，是中国乃至世界自然禀赋优越、经济文化潜能巨大的地域。

长江流域的优胜处可归结为“水”—“通”—“中”三字。

一、淡水富集

长江干流、支流纵横，水量充沛，湖泊星罗棋布，湿地广大，是地球上少有的亚热带淡水富集区，其流域蕴蓄着中国35%的淡水资源、48%的可开发水电资源。如果说，石油是20世纪列国依靠的战略物资，那么，21世纪随着核能及非矿物能源（水能、风能、太阳能等）的广为开发，石油的重要性呈缓降之势，而淡水作为关乎生命存亡而又不可替代的资源，其地位进一步提升。当下的共识是：水与空气并列，是人类须臾不可缺的“第一资源”。长江的淡水优势，自古已然，于今为烈，仅以南水北调工程为例，即可见长江之水的战略意义。保护水生态、利用水资源、做好水文章，乃长江文明的一个绝大题目。

二、水运通衢

在水陆空三种运输系统中，水运成本最为低廉且载量巨大。而长江的水运交通发达，其干支流通航里程6.5万千米，占全国内河通航里程的52.5%、水上运输量的80%，是连接中国东中西部的“黄金水道”，其干线航道年货运量已逾十亿吨，超过以水运发达著称的莱茵河和密西西比河，稳居世界第一位。长江中游的武汉古称“九省通衢”，即是依凭横贯东西的长江干流和南来之湖湘、北来之汉水、东来之鄱赣造就的航运网，成为川、黔、陕、豫、鄂、湘、赣、皖、苏等省份的物流中心，当代更雄风振起，营造水陆空几纵几横交通枢纽和现代信息会集区。

三、文明中心

如果说中国的自然地理中心在黄河上中游，那么经济地理、人口地理中心则在长江流域。以武汉为圆心、1000千米为半径画一圆圈，中国主要大都会及经济文化繁荣区皆在圆周近侧。居中可南北呼应、东西会通、引领全局，近年遂有“长江经济带”发展战略的应运而兴。长江经济带覆盖中国11个省（市），包括长三角的江浙沪3省（市）、中部4省和西南4省

（市）。11省（市）GDP总量超过全国的4成，且发展后劲不可限量。

回望古史，黄河流域对中华文明的早期发育居功至伟，而长江流域依凭巨大潜力，自晚周疾起直追，巴蜀文化、荆楚文化、吴越文化与北方之齐鲁文化、三晋文化、秦羌文化并耀千秋。龙凤齐舞、国风—离骚对称、孔孟—老庄竞存，共同构建二元耦合的中华文化。中唐以降，经济文化重心南移，长江迎来领跑千年的辉煌。近代以来，面对“数千年未有之大变局”，长江担当起中国工业文明的先导、改革开放的先锋。未来学家列举“21世纪全球十大超级城市”，依次为：印度班加罗尔、中国武汉、土耳其伊斯坦布尔、中国上海、泰国曼谷、美国丹佛、美国亚特兰大、墨西哥昆坎—图卢姆、西班牙马德里、加拿大温哥华。在可预期的全球十大超级城市中，竟有两个（武汉与上海）位于长江流域，足见长江文明世界地位之崇高、发展前景之远大。

为着了解这一切，我们步入长江文明馆，这里昭示——

一道天造地设的巨流，怎样在东亚大陆绘制兼具壮美柔美的自然风貌；

一群勤勉聪慧的先民，怎样筚路蓝缕，以启山林，开创丰厚优雅的人文历史。

（作者系长江文明馆名誉馆长、武汉大学人文社科资深教授）

一馆览长江 水利写文明
（代序二）

钮新强

“你从雪山走来，春潮是你的风采；你向东海奔去，惊涛是你的气概……”一首《长江之歌》响彻华夏，唱出中华儿女赞美长江、依恋长江的深厚情感。

深厚的情感根植于对长江的热爱。翻阅长江，她横贯神州6300千米，蕴藏了全国1/3的水资源、3/5的水能资源，流域人口和生产总值均超过全国的40%；她冬寒夏热，四季分明，独有的北纬30º神奇，形成了巨大的动植物基因库，蕴育了发达的农业，鱼儿欢腾粮满仓的盛景处处可现；她有上海、武汉、重庆、成都等国之重镇，现代人类文明聚集地如颗颗明珠撒于长江之滨；她有神奇九寨、长江三峡、神农架等旅游胜地，多少享誉世界的瑰丽美景如数家珍；她令李白、范仲淹、苏轼等无数文人墨客浮想联翩，写下无数赞美的词赋，留下千古情。

长江两岸中华儿女，繁衍生息几千年，勤劳、勇敢、智慧，用双手创造了令世人瞩目的巴蜀文明、楚文明及吴越文明。这些文明，如浩浩荡荡的长江之水生生不息，成为中华文明重要组成部分。

人类认识和开发利用长江的历史，就是一部兴利除弊的发展史，也是长江文明得以丰富与传承的重要基石。据史料记载，自汉代到清代的2100年间，长江平均不到十年就有一次洪水大泛滥，历代的兴衰同水的涨落息息相关。治国先必治水，成为先祖留给我们的古训。

为抵御岷江洪患泛滥，李冰父子筑都江堰，工程与自然的和谐统一，成就了千年不朽，成都平原从此“水旱从人、不知饥馑”,天府之国人人神往。

一条京杭大运河，让两岸世世代代的子孙受惠千年。今天，部分河段化身变为南水北调东线调水的主要通道，再添新活力，大运河成为连接古今的南北大命脉。

新中国成立以后，百废待兴，党和政府把治水作为治国之大计，长江的治理开发迎来崭新的时代。万里长江，险在荆江。1953年完建的荆江分洪工程，三次开闸分洪抗击1954年大

洪水，确保了荆江大堤及两岸人民安全。面对'54洪魔带来的巨大创伤，长江水利人开启长江流域综合规划，与时俱进，历经3轮大编绘，成为指导长江治理开发的纲领性文件。

“南方水多，北方水少，能不能从南方借点水给北方？”毛泽东半个多世纪前的伟大构想，是一个多么漫长的期盼与等待呀。南水北调的蓝图，在几代长江水利人无悔选择、默默坚守、创新创造中终于梦想成真，清澈甘甜的长江水在“人造天河”里欢悦北去，源源不断地流向广袤、干渴的华北平原，流向首都北京，流向无数北方人的灵魂里。

新中国成立以来，从长江水利人手中，长江流域诞生了新中国第一座大型水利工程——丹江口水利枢纽工程，万里长江第一坝——葛洲坝工程，世界最大的水利枢纽——三峡工程。与此同时，沉睡万年的大小江河也被一条条唤醒，以清江水布垭、隔河岩等为代表的水利工程星罗棋布，嵌珠镶玉。这是多么艰巨而充满挑战、闪烁智慧的治水历程!也只有在这条巨川之上，才能演绎出如此壮阔的治水奇观，孕育出如此辉煌的水利文明，为古老的长江文明注入新的动力!

当前，长江经济带战略、京津冀协同发展战略及一带一路战略正加推提速，长江因其特殊的地理位置与优质的资源禀赋与三大战略息息相关，长江流域的健康发展关系着三大战略的成败。因此，长江承载的不仅是流域内的百姓富强梦，更是中华民族的伟大复兴梦。长江无愧于是中华民族的母亲河，她的未来，价值无限，魅力永恒。

武汉，把长江文明馆落户于第十届园博会园区的核心，塑造成为园博会的文化制高点和园博园的精神内核，这寄托着武汉对长江的无比敬重与无限珍爱。可以想象，长江文明馆开放之时，来自五湖四海的人们定将发出无比的惊叹：一座长江文明馆，半部中国文明史。

（作者系长江文明馆名誉馆长，中国工程院院士、长江勘测规划设计研究院院长）

目　录

江山留胜迹　我辈复登临

我们沿着先贤的足迹，一路登临游赏，跋山涉水，啸月吟风，一步一步从历史走向未来。现在，我们有幸立足于“今天”的崇楼伟阁之上，俯仰天地，纵横古今，敞开胸襟，飞扬神思，与先人对话，邀来者同游。举目四顾，山水楼台尽收眼底；精骛八极，过去未来溢满胸间。

江南临观美

“江南”是一个饱含历史文化意蕴的词汇。作为一个地域性概念，江南，一般指长江以南的地区，但各个时代的含义有所不同，汉代以前指今湖北省长江以南部分和湖南省、江西省一带，后来多指今江苏、安徽两省南部和浙江省一带。南北朝时，南朝与北朝隔江对峙，因称南朝及其统治下的地区为江南。庾信是南朝人，梁元帝时聘于西魏，不久梁亡，羁留长安不得返，后作《哀江南赋》。这里的江南便是指与北朝相对的南方故国。

如今所谓江南，狭义实指江浙一带，广义上则把长江流域的湘、鄂、赣、苏、皖、浙、沪等都涵盖于内。

“骏马秋风塞北，杏花春雨江南”，这两句诗可谓江南、北国不同的精神、文化、品格的形象表达。

韩愈说，“江南多临观之美”，我们姑且把它宽泛地理解为“长江流域多临观之美”吧。唐元和十五年（公元820年），御史中丞王仲舒重修滕王阁。韩愈应王之请作《新修滕王阁记》：“愈少时，则闻江南多临观之美，而滕王阁独为第一，有瑰伟绝特之称。”韩愈作此记时已50多岁，可见早在中唐以前，“江南多临观之美”的说法已经形成，唐以后这种趋势进一步强化。我们可以由西向东，顺长江而下，将我国著名的楼台亭阁略作清理：在西南，倚江临海，有昆明大观楼，孙髯翁长联名震宇内，天下第一。至贵阳，甲秀楼翘然耸立，寓甲科挺秀之意。在“草树云山如锦绣”的成都平原，琴台“凤求凰”风流千古；锦江之畔，薛涛浣笺留韵，望江楼既丽且崇。江流至四川忠县与万县之间，玉印山孤峰兀立，石宝寨楼巧夺天工；巴东秋风亭、峡州至喜亭想见寇莱公、欧阳公之风采；天问台、昭君台忆及屈原之风骨、明妃之美韵。

造化钟情荆湘，楼台亭阁于斯为盛：洞庭天下水，岳阳天下楼，名楼至尊，舍此其谁；黄鹤楼三楚荟萃，仙人遗踪，崔颢题诗，太白搁笔；更有“爱晚”含情，“晴川”附丽，古琴台知音难觅，犹可闻高山流水，天下临观之美无过于此矣。大江东去，酹江亭赤壁怀古，其下烟水亭、琵琶亭、浔阳楼各呈风采；至南昌，滕王高阁临江渚，王勃一序千古，又有“西江第一楼”之称。滁州醉翁亭、采石矶太白楼名满天下；镇江北固楼、多景楼寻觅孙、刘遗迹；金陵凤凰台、雨花台，沛县歌风台、戏马台引发思古之幽情；还有西湖湖心亭、会稽山阴之兰亭清风逸韵，翰墨流芳……

「黄鹤楼」

上述的楼台亭阁，不是长江流域的全部，但也堪称长江流域胜景佳迹之大观了。如果说万里长江是中华民族的一条辉煌灿烂的文化长廊，那么沿江两岸神采各异的楼台亭阁，便是点缀这文化长廊上的锦链玉珠，而“江南三大名楼”则是其中云萦翠绕、争奇竞秀的三座奇峰。

有资料表明，中国十大名楼，长江流域占有七座，它们是大观楼、甲秀楼、望江楼、石宝寨、岳阳楼、黄鹤楼、滕王阁；中国四大名亭，长江流域占其三：爱晚亭、醉翁亭、西湖湖心亭。

算来大约只有蓬莱阁、陶然亭、历下亭不是在长江流域。岳阳楼、黄鹤楼、滕王阁古称“江南三大名楼”，有这三大名楼在江南立足，韩愈的“江南多临观之美”当然是有依据的。我国邮电部在1987年将黄鹤楼、岳阳楼、滕王阁、蓬莱阁列为“中华四大名楼”，印制发行了一套邮票。从兼顾江南、北国临观之美的角度而论，这当然是不错的，但是前“三大名楼”没有异议，谁是“第四大名楼”还真说不定，比如

「大观楼」

后来重建的鹳雀楼、南京阅江楼，其历史影响和文化内涵都未必在蓬莱阁之下，尤其是昆明大观楼，古人早有把它与岳阳楼、黄鹤楼相提并论的：“与岳阳黄鹤相衡，一样雄奇，各有大名垂宇宙”；“楼头一百八十字，黄鹤题留万古名”。

临观之美，何以江南为多呢？

楼台亭阁在其初期，主要功能大都不是供人登临游赏，而是为了实用。楼阁通常连称，均为高层建筑，古代的阁多为储藏性建筑，常用来收藏书、经、功臣像；楼则用于军事居多。如岳阳楼、黄鹤楼从史料看，其始建都与军事相关。亭、台的渊源更远，秦汉时十里设一亭，是当时的行政单位，兼有过往官员的“驿站”的意思。亭，后来逐渐成为行人停留宿食的处所。台，是一种高而上平的建筑物，历史更悠远，遗留后世的以钓鱼台尤多，姜太公、严子陵钓台都很有名。

「岳阳楼」

这些当初大都是出于实用的楼台亭阁，同自然山水一道，只是到了魏晋南北朝时期，才真正进入文人墨客的视野，逐步成为人们登览赏游之所和抒情感怀的对象。魏晋南北朝时期，社会黑暗动荡，长期战乱不休，作为社会敏感神经的知识分子，往往生发出对现实的厌恶和对自然山水的向往，避世隐居之风以及对山水风物的依恋与描摹，渐渐在文学中出现，以至山水文学成为南北朝时期文学中的主题。而自西晋末年开始，北方社会政治昏暗，无数贵族知识分子渡江南下，进行文化传播，南方的文化获得了高度发展与繁荣，至南北朝时期，中国文化的重心转移到了南方。

江南一带，奇山异水，天下独绝。山水之美与楼台之盛总是相辅相成。“无山水，则楼阁减韵；无楼阁，则山水削色。”“湖非楼以壮观，则精神汗漫而弗振；山非楼以济美，则气象雄伟而弗韵。”加之，魏晋南北朝以来，佛教兴盛，“南朝四百八十寺，多少楼台烟雨中”。

文人名士与佛教徒交游之风极盛，深山绝谷、古庙茅舍成为他们的出没之地、唱和之所。寺庙道观与楼台亭阁相沿相替，渊源甚深，如大观楼、沧浪亭的“古今之变”、“朝市改易”就很能说明问题。

概而言之，魏晋以后文学的自觉，使得实用性的楼台亭阁演化为“临观之美”，南北朝时期文化重心的南移，江南一带美丽的山水以及山水与楼台的相互映衬，加上“天下名山僧占多”，庙宇、道观对于楼台亭阁的推波助澜。这四个方面大致是“江南多临观之美”的主因或初因。至于唐宋，江南临观之美臻于全盛。全唐诗序说：“盖唐当开国之初，即用声律取士，而又堂陛之赓和，朋友之赠处，与夫登临宴赏之即事感怀，劳人迁客之触物寓兴，一举而托之于诗，虽穷达殊途，悲愉异境，而以言乎摅写性情，则其致一也。”

这里的“登临宴赏之即事感怀”、“劳人迁客之触物寓兴”，正是唐宋以来“登临”文化之所以发达的注脚。其中的仁人君子、豪杰之士或入仕或隐居，往往自构楼台亭阁以寄其志，或者在他们身后，后人以他们的故迹遗踪而作楼台亭阁，纪念缅怀先贤。这些仁人君子、豪杰之士留下的楼台亭阁及其记叙楼台亭阁的杰作华章，乃是“江南临观之美”的精神与生命。岁月的风尘可以凋黯画栋飞檐的金碧，可是无论如何不能湮灭其登临之美的辉光，因为有其精神生命在，实体毁灭了可以重生，如同有《登鹳雀楼》诗而鹳雀楼终于重建，因为有《阅江楼记》而600多年后阅江楼毕竟现世了那样。

楼以文增胜

“楼以文而增胜，文以楼而益彰”。毫无疑问，滕王阁如果没有王勃作序，岳阳楼如果没有杜甫、范仲淹的诗文，黄鹤楼如果没有崔颢、李白题诗，所谓“江南三大名楼”还有意义吗？以此说开去，无数壮观巨丽都因美好的诗文存活于人们心中，提起泰山，就会想到“孔子登泰山而小天下”和杜甫“会当凌绝顶，一览众山小”。说到庐山，李白“飞流直下三千尺，疑是银河落九天”和苏轼“不识庐山真面目，只缘身在此山中”总令人心驰神往。“大漠孤烟直，长河落日圆”、“黄河西来决昆仑，咆哮万里触龙门”，诗人笔下的黄河惊世骇俗。“潮平两岸阔，风正一帆悬”、“无边落木萧萧下，不尽长江滚滚来”，诗人眼中的长江波澜壮阔。忆及桂林山水，“水作青罗带，山如碧玉簪”如在目前。吟咏“若把西湖比西子，淡妆浓抹总相宜”，美丽的西湖便了然胸中。姑苏城外寒山寺，因为《枫桥夜泊》，那悠然回荡千百年的夜半钟声至今令人怦然心动。以至于一个无状无形的岁时节令——中秋，也因为苏轼的《水调歌头》，使得它情趣浓郁、诗意盎然。古来胜迹原无限，不遇才人亦杳然。在名楼与名文的关系上，可以说，世有名文而后有名楼，名楼常有而名文不常有。一座楼阁，如果没有名篇记叙它，就算它如何的巍峨壮观，也就是一座楼阁而已，它不可能长留于人们的精神文化视野，而“江南三大名楼”之所以历经千载盛誉不衰，完全是因为三楼都有与其声名相称的诗文在。

「滕王阁」

黄鹤楼、岳阳楼虽然比滕王阁早建五个世纪，可是滕王阁兴建不久即有王勃一序而一鸣惊人，甚至后来居上，所以韩愈说“滕王阁独为第一”。

黄鹤楼、岳阳楼直到唐宋时才出现堪与《滕王阁序》相媲美的诗文，因而“江南三大名楼”的说法，到宋以后才逐渐形成定论。

王勃一序惊天下，滕阁遂留万古名。滕王阁遇上王勃，王勃作《滕王阁序》，仿佛天意，如有神助。这一天，洪州都督阎公于滕王阁大宴宾客，王勃远道去交趾省亲，途经洪州，路过滕王阁，据说他乘船曾在马当遇阻，却有神风送他日行七百里，正是“时来风送滕王阁”，王勃赶上了滕王阁宴会。席间，阎公遍请诸客作滕王阁饯别序，众宾推辞，至王勃，他没有客气，文不加点，一挥而就。今天看来，《滕王阁序》真是可遇不可求的，这样的天才杰作，太过出类拔萃，难怪后人以天意、神助论之了。

王勃作《滕王阁序》之后，随着滕王阁的毁坏与兴修，相继有王绪作《滕王阁赋》、王仲舒作《滕王阁记》，合称“三王”。而后韩愈又作《新修滕王阁记》，以为“窃喜名载其上，词列三王之次，有荣耀焉”。

这些赋记以及后世无数的诗文，都为滕王阁增色添彩，而《滕王阁序》实为翘楚，高不可及。最可惜的是，王勃作滕王阁序后，不久因溺水惊悸而死，天才诗人夭折。《滕王阁序》可谓少年天才的绝唱，这是滕王阁的幸运，当然，从另一方面来说，王勃虽然早夭，却因为滕王阁，使他在历史文化的长河中获得了不朽的生命。

与滕王阁相比，黄鹤楼似乎更多了几分仙道之气，唐人阎伯理的《黄鹤楼记》透露其中消息。黄鹤楼之名，首先得力于崔颢《黄鹤楼》诗，李白与崔颢诗文竞秀争奇，更使得黄鹤楼声名大振。所谓“搁笔题诗，两人千古；临江吞汉，三楚一楼”。李白登黄鹤楼，发出“眼前有景道不得，崔颢题诗在上头”的感叹，未必真有其事，这传说至少表明两点：一是李白对黄鹤楼确实喜爱，二是崔颢的黄鹤楼诗确实好。崔颢这首诗，有前人推崇为唐七律第一的，好在哪里？好在清水出芙蓉，天然去雕饰的神韵。它是七言律诗，而前四句自由洒脱，清丽婉转，有古风的格调，无格律之拘羁，歌咏名楼优美的神话传说，展现登楼所见明朗壮阔的景色，虽有鹤去楼空、人在何处的寂寞与淡淡的乡愁，而全篇色彩鲜明，自然清新，音韵浏亮，一气呵成，犹如行云流水。

因为崔颢这首诗，黄鹤楼有“崔氏楼”的别称，而武汉又叫做“白云黄鹤的地方”。李白更是一而再、再而三登临吟咏黄鹤楼，留下了“黄鹤楼组诗”，其对黄鹤楼的贡献实不在崔颢之下，“黄鹤楼中吹玉笛，江城五月落梅花。”李白的“江城”，与崔颢的“白云”“黄鹤”一样，都成为黄鹤楼和武汉代称的名典。

《桃花扇》作者孔尚任说：“（黄鹤楼）其名虽久，实显于崔颢之诗，李太白见崔诗……遂搁笔而去，是崔诗之名又显于太白。”崔诗虽好，未免孤单，加上李白的诗组，黄鹤楼跻身“江南三大名楼”可以当之无愧。

如果说，王勃的《滕王阁序》之于滕王阁有如神遇，崔颢李白的诗于黄鹤楼也是自发的行为，那么，范仲淹应滕子京之请作《岳阳楼记》，则是一种自觉的追求。在范仲淹《岳阳楼记》之前，岳阳楼上本来也有李白、杜甫、白居易等人的诗篇，如杜甫《登岳阳楼》诗，比王勃《滕王阁诗》、崔颢《黄鹤楼》诗，不说更胜一筹，起码毫无愧色。而范仲淹《岳阳楼记》一问世，诸多山水楼台诗文便难免黯然失色。有《岳阳楼记》为“斯楼之伟观增重”，天下名楼不能不推岳阳楼为尊。提起中华名楼，首先想到岳阳楼，提到岳阳楼，首先想到《岳阳楼记》，提到《岳阳楼记》，首先想到“先天下之忧而忧，后天下之乐而乐”。真是匹夫而为百世师，一言而为天下法。清人杨朝柱在《重修岳阳楼记》中说：“自（滕）子京增其式廓，（范）希文力为表章，楼观直与湖山并传。此后兴废靡常，陵谷变迁，而兹楼如日星河岳之不可易。”

「范仲淹的《岳阳楼记》」

昆明大观楼远近闻名，固然与滇池的美丽风光有关，但更吸引人的还是楼前门柱上那副 180 字的对联，因有孙髯翁这“古今第一长联”，就为大观楼在中华名楼中争得一席之地。为亭台楼阁增胜的当然不止诗文一项，名楼之所以名，它自身的内涵、状貌，周遭的风景形胜，还有大众文化心理、神话传说，乃至楼台亭阁的命名，诸多因素都有关系，诸多关系中雄才巨匠的诗文是使之名留千古的关键，而“登临”文学也成为中华传统文化中一道奇异的风景。“欲穷千里目，更上一层楼。”我们的先贤笔下确有一种宏伟的气势，他们用字不多，而意境崇高。这些名篇警句不仅为一座座崇楼伟阁注入精神生命，也赋予后来登临者以自豪勇气和信心。

「孙髯翁的“古今第一长联”」

废兴系时序

方孝孺《黄鹤楼诗》序云："奇伟绝特之观，固无与于人事，然于其废兴，可以知时之治乱焉。"江南三大名楼中创建最晚的滕王阁，迄今也有1300多年了。岳阳楼、黄鹤楼、滕王阁就像三位历史老人，历尽岁月之沧桑。千百年来，一方面是无穷尽的灾难无数次把它们化为焦土瓦砾，另一方面则是不屈不挠的历代重修，楼台兴废与时代盛衰之关系有迹可寻。

从唐代至今，三座名楼虽然遭遇各异，而它们在一些历史关节点上却有着大体相近的命运。滕王阁自唐永徽四年（公元653年）由滕王李元婴创建。

唐时滕王阁共三层，高六丈，主阁"层台耸翠，上出重霄；飞阁流丹，下临无地"。并有"回廊并抱，飞轩累榭"，金碧辉煌，十分壮观。

当时，加上洪州都督阎公、御史中丞王仲舒的几度重修，有王勃的雄文，韩愈的鼓吹，滕王阁名噪天下，誉为江南三大名楼之首。岳阳楼之声名远播，始于盛唐张说。张说于开元四年（公元716年）贬守岳州，修整巴陵城楼，经常与才士登楼饮酒赋诗，并将诗文百余篇列于楼壁，岳阳楼自尔名著。以后，孟浩然、李白、杜甫、白居易、李商隐、刘禹锡等著名诗人相继登楼吟咏，岳阳楼声名益大。黄鹤楼在唐代已从过去用于军事的哨楼演变为供人宴游的观赏楼，阎伯理《黄鹤楼记》可见其形制："上倚河汉，下临江流；重檐翼馆，四闼霞敞；坐窥井邑，俯拍云烟；亦荆吴形胜之最也。""重檐翼馆，四闼霞敞"，唐代黄鹤楼已有鹤舞云翔飞动之势。登临过岳阳楼的诗人们自然也不会错过黄鹤楼了，他们都在黄鹤楼留下美妙诗篇，而以

「崔颢的《黄鹤楼》」

崔颢、李白诗歌最为名重。唐代经济繁荣，社会开放自由，文化昌盛发达，作为中国古代社会的鼎盛时期，表现在三大名楼上也是一派蓬勃奋发、欣欣向荣的盛世景象，异代不同时的三楼联袂步入了自己的辉煌时期。

宋代以后是三楼发展变化期。“江南三大名楼”的称谓，也是从宋代开始流传下来。滕王阁经晚唐、五代 260 多年的风风雨雨，至宋大观年间终因年久失修而塌毁。公元 1108 年由时任洪州知府的范坦主持重建，宋代滕王阁比唐阁增高，且增建“压江”、“挹翠”二亭于主阁之南北。南宋时因赣江江岸崩塌，滕王阁移建于城墙之上，其制华丽壮观，为“历代滕王阁之冠”。至于黄鹤楼，目前所见宋代的资料较少，从北宋张咏《登黄鹤楼》、苏辙《赋黄鹤楼》、南宋岳飞《登黄鹤楼有感》等诗词来看，黄鹤楼在宋代与岳阳楼、滕王阁一样蔚为壮观。而至宋孝宗时期，黄鹤楼已毁于战火。诗人陆游寻访黄鹤楼时说：“楼已废。故址亦不复存”。岳阳楼则在宋庆历年间因滕子京增其旧制，范仲淹千古雄文而声名显赫、如日中天，几有压倒黄鹤、滕阁之势。

及至元明交替之际，三楼兴废无常，厄运连连。岳阳楼在元代九十余年间兴废达十次之多，其中四次毁于洪水。尤其几经战乱而破败不堪，两次重建，规模缩小，风格简朴刚劲，有别于唐宋之富丽。黄鹤楼的遭遇更惨，元代黄鹤楼是否存在目前还是疑问。方孝孺说：“夫黄鹤楼以壮丽称江湘间，当天下盛时，舟车旗盖之来游，考钟鼓，肆管弦，燕会于其上者，踵相接也。元末诸雄之相持，武昌莽为盗区，屠伤杀戮至于鸡犬，求尺木寸垣于颓城败垒间而不可得，天下之乱极矣！”滕王阁在明代兴毁达七次，尽管兵连祸结，朱明王朝一控制局面便立即予以重建，使之不绝于世，明初滕王阁一度改名“迎恩馆”。黄鹤楼在明末左良玉与张献忠的武昌攻守战中又遭破坏，“劫灰飞荡后，则小构仅存”。清康熙年间黄鹤楼重建，乾隆元年更其旧制，“自山以上，直立十有八丈，其形正方，四望如一，高壮宏丽，称其山川。”到太平天国时期，黄鹤楼、岳阳楼、

「古黄鹤楼」

滕王阁都有毁于兵燹的记载。同治六年（公元1867年），岳阳楼首先重建。后二年，黄鹤楼重建竣工。滕王阁是在战火焚毁19年后，由江西巡抚刘坤一主持重建的。光绪六年（公元1880年）岳州知府张德容重修岳阳楼，此次大修无论建筑、工艺，还是形制、布局，都十分成功，超越前代，使岳阳楼呈现“大湖南北形胜之地以斯楼为雄”的崭新气象。

清末到民国期间是三楼的衰落期。又是黄鹤楼先被厄运，公元1884年9月22日，因汉阳门居民区失火，一团火球随江风吹进黄鹤楼，致使“画栋飞檐一夕罄”。滕王阁在连年兵荒马乱中早已破败不堪，1926年10月，北伐军进攻南昌，军阀岳思寅为了负隅顽抗，竟然下令焚烧章江门一带民房，滕王阁随之化为灰烬。只有岳阳楼硕果仅存，却也因军阀纷争，战火连绵，以至墙穿瓦败、板泄窗飞了。抗战时期，岳阳沦陷，古楼遭破坏，不少珍贵文物散落日本。到新中国成立前夕，岳阳楼已是满目疮痍、摇摇欲坠了。

检视千古楼台的兴衰际遇，还是范仲淹的观点带有规律性：政通人和，百废俱兴，乃重修岳阳楼。社会动乱，民生凋敝，斯文扫地，谁去修建楼台亭阁？兴修实难，毁坏又太容易，有自然的朽坏，有人为的毁坏，古代楼台亭阁多为木质结构，水火都是灾星，而战乱兵燹是摧毁楼台亭阁的罪魁祸首。中国历代的领军者能够珍惜文人、保护文化者少之又少，相反总是以“项羽式的破坏”居多。即使在新中国成立以后，楼阁复兴、文物保护也难以排上日程，更不用说“大革文化命”的年代，真善美与假恶丑完全颠倒，无数文物珍宝名胜古迹都视为“封、资、修”，拉杂摧烧之，扫地以尽，那时的岳阳楼还没有倒下去，也算是人间奇迹了。中华民族终于在20世纪的最后20年出现了伟大的转折和转机。

1984年，岳阳楼落架大修后以前所未有的壮观雄峙于洞庭湖畔；1985年，消失百年之后的黄鹤楼如凤凰浴火重生；1989年，重修的滕王阁壮伟闳丽直追唐宋。

三楼几乎同时辉煌重铸，鼎足江南，这不是历史的巧合，这是国将兴则名楼兴的历史昭示。宋人李格非《书洛阳名园记后》说：“且天下之治乱，候于洛阳之盛衰而知，洛阳之盛衰，候于园囿之兴废而得。”胜景再造、名楼复兴，也是国运昌隆、民族振兴的象征，我们期待，经历无数劫难的楼台亭阁在追求民族复兴的今天又将步入一个黄金时代。

登临意悠悠

“人事有代谢，往来成古今。江山留胜迹，我辈复登临。”山河壮丽，万千气象，楼台亭阁，巧夺天工，都是我们挥洒性情、登临感怀的对象。我们有悠久的“登高作赋”的文化传统和审美形式，孔子曰：“君子登高必赋。”无论自然景观，还是人文景观，从来不可能在离开了人的观照之外去寻求其意义，也只有人的登临感怀才不断赋予山水楼台以新的意义。子在川上曰：“逝者如斯夫，不舍昼夜。”只是一声叹息，却能引人联想那幽深玄远的宇宙人生意识。西贤有“人不能两次进入同一条河流”的哲思，而孔子这一声叹息更带感情，更有温情，理中有趣，知里有情，因而更有诗意，内涵丰富，可以把它与“天行健，君子以自强不息”的箴言相互联想、相互印证。要追寻中国“登临”文学的源流，孔夫子这一声叹息可为其肇始。

两汉时期，描摹天子苑囿和山川城邑的上林、子虚、二京、三都等大赋，气势恢宏，辞采富丽，应该是楼台赋记之先声。

三国两晋南北朝时期，山水的登临感怀与楼台的登临感怀，浑然一体，很难区分，比如曹操的《观沧海》，陶渊明“归居田园”的诗文，谢灵运的山水诗等等。谢灵运号称“山水诗的鼻祖”，其著名的《登池上楼》有“池塘生春草，园柳变禽鸣”的绝句，但是真正具有山水楼台的“登临感怀”典型意义的，恐怕还要从建安时期王粲的《登楼赋》说起。王粲流寓荆州时，得不到刘表重用，深抱不遇之苦，

「襄阳的仲宣楼」

同时眼看兵燹日炽，国家混乱，心中悲愤危惧，于是登楼感怀，寓情于景，写下了流传后世的《登楼赋》：“登兹楼以四望兮，聊暇日以销忧。虽信美而非吾土兮，曾何足以少留。惧匏瓜之徒悬兮，畏井渫之莫食……”王粲所登之楼是当阳城楼，还不是后来意义上的楼台亭阁，《登楼赋》简约而质朴，不仅有别于汉赋的高华，与其后大盛于唐宋的楼台赋记也差异明显。然而，王粲登楼所抒发的感时伤世、怀才不遇、思恋故土的情怀，应该说具有非常典型的意义，对后世影响很大，我们从千百年来的登临文学之中，时时可见“王粲登楼”的影子。

登山则情满于山，临海则意溢于海。亘古不变的山川容易触发人世沧桑的浩叹和时空无限而人生有涯的思索。楼台亭阁作为“人化的自然”，既融于自然之中，又介于人与自然之间，登临者通过楼台切入自然，楼台成为登临者与自然对话的中介，楼台是沟通过去与未来的纽带，楼台是历史的天空中天、地、人交感的津梁。楼台依山临水，高出凡尘，高是它的突出特点，登临其上给人以超拔超迈超越之感，天高地迥，觉宇宙之无穷；亭台又多处在江湖之远，远朝市而向林泉，远扰攘而归清静，而登临者往往或迁客逐臣或漂泊游子，更何况这亭台楼阁本身都积淀着深沉的历史文化意蕴，此时的登临，焉能不思接千载，神游万里，寄慨遥深呢？“或骚人吟咏以倚徙，或才士流连而徘徊，或羁臣伤其滞留，或旅客动其愁怀，或冠盖缤纷绮阁，或羽客蹁跹丹崖，或豪情大恸于槛外，或梦魂时恋乎湖隈。即情随景以俱迁，亦悲与喜之难谐。”清人黄秀描述岳阳楼登临感怀的情景有其普遍意义。人生代代无穷已，山水楼台总有情。一代人有一代人的精神世界，一代人有一代人的山水楼台，一代人有一代人的登临感怀，世殊事异，言人人殊，然而登高临远，则感慨系之，情意寄之，诗文属之，“后之视今亦犹今之视昔”，古往今来，其致一也。

可以归纳起来欣赏一下古人登临感怀的几种形式。

临“亭”，以寄离愁别绪。亭者，停也。亭是一个象形字；停，既是形声也是会意字，人在亭子里，寓意停留。可是人们来到亭里，往往不是为了停留，而是为了离别。

离别是人生总要遭遇的内容，伤离伤别也是人们的普遍情感。何况古代交通不便，一旦分别就有可能天各一方，甚至天人永隔。所以说“悲莫悲兮生别离”，“黯然销魂者，唯别而已矣”，“多情自古伤离别”。“十里五里，长亭短亭”，古人送别虽不一定都是发生在长亭里，有滕王阁饯别，有黄鹤楼送别，有渭城客舍饮别，还有易水之歌别，可是“长亭送别”已经凝成一种意象，一个符号；亭，就是离别、送别、伤别，与此相连的“柳”、“折柳”，还有“南浦”；“春风知别苦，不遣柳条青”。“春草碧色，春水渌波。送君南浦，伤如之何”？数声风笛离亭晚，君向潇湘我向秦。离别常有，离别最苦，而“亭”，却把这美丽的忧伤，转化、定格为忧伤的美丽。

登“台”，以发思古幽情。台，往往是历史遗迹，却不是普通的一般的历史遗迹，如越王台、姑苏台忆昔吴越春秋，歌风台、戏马台回顾楚汉风云，还有黄金台、拜将台、钓鱼台。

这些古迹遗踪，所涉之事都相关江山社稷之兴亡，所系之人都是千古风流有故事的人物。“南登碣石馆，遥望黄金台。丘陵尽乔木，昭王安在哉？”这是陈子昂的怀古；“旧苑荒台杨柳新，菱歌清唱不胜春。只今惟有西江月，曾照吴王宫里人。”这是李太白在伤今。“巨舰只缘因利往，扁舟亦是为名来。往来有愧先生德，特地通宵过钓台。”这是李清照在严先生钓台的吊古伤今。如果在“亭”上满是离别之情，则登“台”特多兴亡之感。高台四顾，天地悠悠；长亭一别，儿女情长。

「崔颢」

唐宋以后，亭与台也都作为宴乐赏游之所，从登临感怀的对象来说，亭台与楼阁没有什么分别。登临感怀的形式，除了上面说的“离愁别绪”、“思古幽情”，比较典型的还有几种：

客子怀乡式　“日暮乡关何处是，烟波江上使人愁。”类似情怀，古人多有。对于“乡关何处”的追问，是登临文学中一个绵延不绝的主题。人是一个矛盾体，一个人如果没有“背井离乡”的经历而终老家乡，当然无所谓思乡之情和思乡之苦，而这样一来，在他便没有故乡他乡之别，他就没有故乡的概念，或者说故乡对于他没有意义。人们只有处在游子的位置，充当“客”的角色，才可能对故乡和他乡保持长久而新奇的敏感和美感。“独在异乡为异客，每逢佳节倍思亲。”“举头望明月，低头思故乡。”这是只有客子游子才能呈现的“美丽的忧伤”。崔颢登上黄鹤楼，遥想昔人黄鹤杳然已去，唯白云千载悠悠飘渺，而眼前晴川历历，芳草萋萋，大江东去，万里烟波。在这广袤悠远的时空中，很容易引出一个根本性的追问：我是谁，我在何处，我从哪里来，我向何处去？对“乡关何处”的追问，也是对宇宙、对人生的追问，张若虚“江畔何人初见月，江月何年初照人？”传达出时空恒久而人事代谢的哲思，崔诗也有近似的意味。

「苏东坡书《滕王阁序》」

怀才不遇式　“逢时独为贵，历代非无才。隗君亦何幸，遂起黄金台。”千里马常有而伯乐不常有。从王粲《登楼赋》算起，怀才不遇的情绪似乎总是与登临感怀连在一起，或许总是抱负难酬、壮志难伸而每借登临一舒愤懑吧？《滕王阁序》令人叹赏，固然因其辞采绚丽，对仗工整，气势奔放，流畅自然；而“天高地迥，觉宇宙之无穷；兴尽悲来，识盈虚之有数。”“关山难越，谁悲失路之人；萍水相逢，尽是他乡之客。”“时运不济，命途多舛，冯唐易老，李广难封。屈贾谊于长沙，非无圣主；窜梁鸿于海曲，岂乏明时。”“无路请缨，等终军之弱冠；有怀投笔，慕宗悫之长风。”这寄寓其中的才高位下的悲慨与宏

「滁州的醉翁亭」

图难展的愤懑，恐怕最能打动千百年来正直有抱负而又仕途失意、遭受压抑的才人的心吧！李白“总为浮云能蔽日，长安不见使人愁”，苏轼“多情应笑我，早生华发”。王勃的“悲”，李白的“愁”，苏轼的“笑”，或少年气盛，或豪放不羁，或旷达超逸，而在“怀才不遇”上，可谓惺惺相惜，遥相呼应，一脉相承。

忧乐关情式　在登临感怀里面，这类诗文不算多，范仲淹的《岳阳楼记》可以当之。还有欧阳修、文天祥等人的某些登临感怀的文字庶几近之。“不以物喜，不以己悲，居庙堂之高，则忧其民，处江湖之远，则忧其君。”“先天下之忧而忧，后天下之乐而乐。”真是“天地有正气”，“千秋尚凛然”。表现出古代仁人志士高洁的人品节操，非凡的胸襟气度，闪耀着以天下为己任的理想光辉。岳阳楼是有幸的，先有杜甫感时伤世、心忧社稷、情系苍生的《登岳阳楼》诗，后有范仲淹“先忧后乐”的《岳阳楼记》，其人品文品，其内涵与气势，文采风流，两两相称，直与岳阳楼辉映千古，所谓“吴楚乾坤天下句，江湖廊庙古人情”，如此浩然正气，大爱情怀，弥足珍贵。

与民同乐式　与“忧乐关情”相近的有“与民同乐”。古代仁人志士，达则兼济天下，穷则独善其身。在朝廷忠心勤劳国事，处江湖则“宣上恩德，以与民共乐”。欧阳修《相州昼锦堂记》说：“惟德被生民，功施社稷，以耀后世而垂无穷，此公之志，而士亦以此望于公也，岂止夸一时而荣一乡哉。”这是仕人通达时的追求。一旦仕途失意，遭受挫折，以至屡遭贬谪，沦落天涯，如白居易、刘禹锡、柳宗元、欧阳修、苏轼等人，往往能够借老庄以自慰，寄山水以娱情，融民众以共乐，《丰乐亭记》、《醉翁亭记》、《喜雨亭记》都是登临感怀中“与民同乐”的杰作佳构。打击而不气馁，贬谪而不消沉，哀而不伤，怨而不怒，有一分热发一分光，这种逆境中的坚守与磨难中的坚持，一样的难能可贵。

「北固亭」

怀古伤今式　登临文学中怀古伤今的成分实在是不容忽视、分量很重的一部分，前面说到的“登台以发思古幽情”，以及有关“怀才不遇”的感慨，大多可以归于此类，或者与此有联系。“吴宫花草埋幽径，晋代衣冠成古丘。”“江山故宅空文藻，云雨荒台岂梦思。”“旧时王谢堂前燕，飞入寻常百姓家。”这都是怀古伤今的好句。大凡所谓“咏史”一类诗文，温故都是为了知新。最典型的要数陈子昂《登幽州台歌》：

前不见古人，后不见来者。

念天地之悠悠，独怆然而涕下！

这是登临感怀、吊古伤今的天才杰作，诗人生不逢时、怀才不遇的悲愤，时不我予的焦虑，建功立业的期待等等复杂意绪溢于言表，境界苍凉壮阔，意象悲慨深沉，千载之下犹令人感慨系之，心痛神伤。此外，如王安石的《桂枝香·金陵怀古》，辛弃疾登京口北固亭、建康赏心亭留下的雄视千古的词章，都可划归此类。

如今，我们将要登临长江流域的楼台亭阁，我们的感怀、感慨如何呢？今人不见古时月，今月曾经照古人。古人呼月“白玉盘”，今天我们说它是石球。科技的发达消解了神话与幻想，交通的发达消弭了故乡他乡的界限以至国界，信息的发达更使宇宙、时空、历史平面化、虚拟化了。发达的物质世界淹没了我们的精神，钝化了我们的感觉，粗糙了我们的灵魂，在外物的裹挟与科技带来的便利舒适之下，我们不能够像古人那样将自己融入自然，也很难将自己的生命与山水楼台的生命熔铸在一起，因而也就很难进入山水楼台的精神世界。无论是“更上一层楼”的豪迈，还是“夕阳无限好”的凄美，或将成为登临感怀的绝响。但是，我们毕竟迎来了楼台亭阁的黄金时代：当我们登上岳阳楼，重温《岳阳楼记》，也会胸襟为之开阔、志趣为之高远；当我们登上滕王阁吟诵《滕王阁序》，也会激发出穷且益坚、老当益壮、乘风破浪的壮怀豪情；当我们登黄鹤楼吟哦《黄鹤楼》诗，在悠悠天地、茫茫时空中追寻自己的起始，也会自然的自觉的争取有限然而有价值有意义的人生。即使如《登幽州台歌》这类怀古伤今之作，后来的登临者读之，在感受历史的沉重与苍凉、体认宇宙无穷人生短暂的同时，不是也能感到一种超越宇宙时空的苍凉之美吗？这不也同时表明人的思想、人的精神堪与天地并存、日月同辉一般的伟大与不朽吗？

马克思说过，一个成人不可能再变成儿童，否则就变得稚气了；但是，儿童的天真不使他感到愉快吗，他自己不该努力在一个更高的阶梯上把自己的真实再现出来吗？那么，还是让我们回归自然，回归自我，潜心欣赏长江流域的楼台亭阁之美吧！

大观滇黔　风流巴蜀

云贵川作为我国的西南三省，是长江上游楼台亭阁的荟萃之地。如果说，长江流域的楼台亭阁是一组起伏跌宕的交响曲，云贵川便是它辉煌的序曲，长江流域的楼台亭阁是一幅精彩夺目的文化艺术长卷，云贵川则是它美丽的开篇。

果然一大观

云南省昆明市近华浦南面，有一座三重檐琉璃戗角木结构建筑，是海内闻名的大观楼。大观楼高三层，登楼眺望，天涵水面，波光浩淼；俯瞰湖中，帆影悠悠；远望西山，若隐若现。令人眼界开阔，心旷神怡。范仕义《游近华浦登大观楼与漱园同作》诗曰：“凌空缥缈驾飞楼，俯视沧波倒海流。风卷云涛天半落，山横金碧座中收。”因此楼倚江临海，远浦遥岑，风帆烟树，登楼一览，固称大观。大观者，丰富壮观之谓也。

「春日里的大观楼」

大观楼始建于清康熙年间。明代以前，此地原是一片水浦湖滩，与滇池草海茫茫相连。明初，世袭镇守云南的沐氏常在滇池训练水师，曾于此地辟园憩息。因为浦临滇池，与太华山隔水相对，故称近华浦或西华浦。清朝初年，从篆塘开了一条运粮河，即今天的大观河，沟通省城到滇池西南各县镇，航船途经近华浦，这里便渐渐兴旺起来。

康熙二十一年（公元 1682 年），楚籍和尚乾印在此地盖了一座茅庵，讲《妙法莲华经》，听者甚众，后来善男信女募修了一座观音阁，可算大观楼的前身。至康熙二十九年（公元 1690 年），又陆续修建了一些亭台，渐渐成了昆明人的游憩之地。康熙三十五年（公元 1696 年），云南巡抚王继文在观音阁基础上进行扩建，据说建有涌月亭、澄碧堂、华严阁、催耕馆、溯回轩、会仙庄、观稼堂、怀古廊、豁襟榭、浴兰渚、虑涤湾、唤渡矶、问津港、送客岛、适意川、忆别溪、停舟舍、聚渔村等等（从这些景观的题名看，即可知王巡抚是风雅人），极一时之盛，而最著名的是“建楼二层，名曰大观”的大观楼。

乾隆年间，孙髯翁为大观楼撰写长联，由名士陆树堂书写刊刻，大观楼因此长联而成为中华名楼。道光八年（公元 1828 年）修葺大观楼，增建为三层。咸丰三年（公元 1853 年），咸丰帝题“拔浪千层”匾。咸丰七年（公元 1857 年），长联与大观楼皆毁于兵燹。同治五年（公元 1866 年）重建，复遭大水。光绪九年（公元 1883 年）再修。光绪十四年（公元 1888 年），赵藩重新以楷书刊刻长联。民国年间，李鸿祥、唐继尧、龙云、庾恩锡等，都主持修葺过大观楼。1961 年，郭沫若游大观楼，写下《登临即事》一诗：

果然一大观，山水唤凭栏。
睡佛云中逸，滇池海样宽。
长联犹在壁，巨笔信如椽。
我亦披襟久，雄心溢两间。

郭沫若此诗由他亲笔书写横幅，现悬在三楼之上，挥毫潇洒，墨色苍润，隽秀而奔放，堪称诗书俱佳。诗词之外，大观楼更为著名的是它的楹联。楼东有“烟波世界”匾额，与楼西咸丰帝题的“拔浪千层”匾相映成趣。楼下东面一联“千秋怀抱三杯酒，万里云山一水楼”为广东人宋湘所书，两句如行万里路，抒千古情，写得豪放旷达，宏丽流转，不愧上佳之作。昆明王灿一联“朝云起雨，暮霭飞烟，世事古今殊，只余无恙西山，随时在目；雪浪吞天，风涛卷地，英雄淘泻尽，为问倒流滇水，何日回头？”风景无殊，英雄何在，有青山依旧、几度夕阳的苍凉感。当然，楹联中最好的也是大观楼得以享誉世间的，是孙髯翁所作的长联，号称“天下第一长联”：

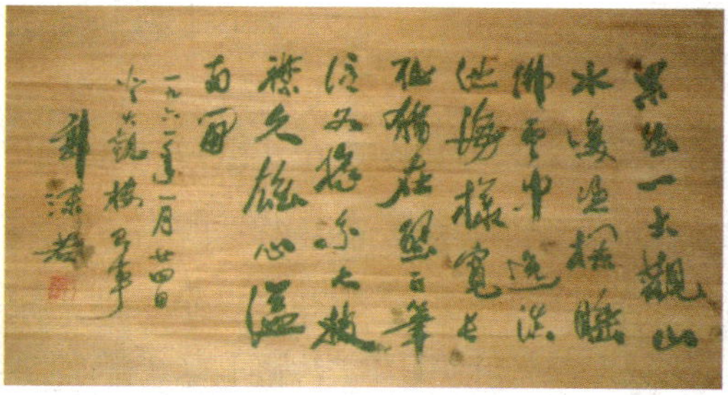
「郭沫若的《登临即事》」

五百里滇池，奔来眼底。披襟岸帻，喜茫茫空阔无边！看：东骧神骏，西翥灵仪，北走蜿蜒，南翔缟素。高人韵士，何妨选胜登临，趁蟹屿螺洲，梳裹就风鬟雾鬓；更蘋天苇地，点缀些翠羽丹霞。莫孤负：四围香稻，万顷晴沙，九夏芙蓉，三春杨柳。

数千年往事，注到心头。把酒凌虚，叹滚滚英雄谁在？想：汉习楼船，唐标铁柱，宋挥玉斧，元跨革囊。伟烈丰功，费尽移山心力，尽珠帘画栋，卷不及暮雨朝云；便断碣残碑，都付与苍烟落照。只赢得：几杵疏钟，半江渔火，两行秋雁，一枕清霜。

这副对联长 180 字，上联描写大观楼四周和四季的景物，将滇池之美描绘得淋漓尽致；下联追述云南历史，典雅传神。从艺术上看，全联实际由两篇优美的散文诗构成，孙髯翁以精心的结构和天才的创作，使两篇各 90 字的文章对仗工整，音韵铿锵，平仄变化得当，读之有余音绕梁之感。其联语形象鲜明生动，用语清丽自然，意境萧疏悠远，可谓别出一种心裁，熔铸千古奇联，令人百读不厌。前人评说此联："浑灏流转，化去堆垛之迹，实为仅见"。刘润之《滇南楹联丛钞·跋》："孙髯翁大观楼楹联，大气磅礴，光耀宇宙，海内长联，应推第一。"郭沫若赞之："长联犹在壁，巨笔信如椽。"并不过誉。

孙髯翁，号颐庵，祖迹陕西三原，约生于康熙五十年，他天资聪明，性格倔强，曾自号"蛟台老人"。性格坚毅乐观，因喜种梅花，又号"万树梅花一布衣"。

「孙髯翁」

少年时参加童试，因考官下令搜检考生之身才许入试，他不能忍"以盗贼待士也。掉头去，从此不复与考"。他一生没有功名，而诗文豪宕不羁，名重一时。中年时到过大理一带，参与修撰《云南县志》，并善于绘画。晚年生活清苦，住圆通寺咒蛟台，以卖卜为生。后因生活无着，于乾隆三十六年（公元 1771 年）投靠女儿生活，在今天云南文山、红河、弥勒县一带坐馆教书。不久即去世，约卒于乾隆三十八年（公元 1773 年）。孙髯翁可算是一个始终不与统治者合作的骨气傲然的下层知识分子。了解孙髯翁的生平，有助于我们对大观楼长联的理解。

在民间有不少关于大观楼长联的传说佳话。与王勃为滕王阁作序的如有神助不同，孙髯翁是看不惯时人留下的轻佻、肉麻的诗文，怕辱没了大观楼，因此孙髯翁的长联可谓有感而发，有意为之。长联撰成，轰动一时。确有独立不羁，非同凡俗之美。有趣的是，清道光年间，云贵总督阮元（号芸台）特意对长联作了一番修改，改动的正是孙髯翁“独立不羁，非同凡响”的地方，把长联改的晦涩诘屈，味同嚼蜡，迂腐不化，还硬要把他改过的长联刊刻悬挂出来，引起滇中士人嘲笑，有民谣说，“软（阮）烟袋（芸台）不通，韭菜萝卜葱。擅改古人对，笑煞孙髯翁”（《滇中琐记》）。阮元调走，人们立即换上原联。

今存的大观楼长联有两副。一副是与孙髯翁同时的昆明名士陆树堂的行书刊刻，咸丰年间与大观楼同毁于战火，尚有陆书摹刻联存于今天的二楼。另一副就是今天楼前悬挂的蓝底金字联，为光绪年间云贵总督岑毓英重刻，除将“莫辜负”改为“莫孤负”外，全照“孙髯翁旧句”书写。联下署“岑毓英重立”，实际是岑毓英命书法家赵藩书写，请良工刊刻的。此联楷书，由颜体脱出，结构稳健，笔墨浑厚苍润，为长联增色不少。成都武侯祠名联：能攻心则反侧自消，从古知兵非好战；不审势即宽严皆误，后来治蜀要深思。题款也是赵藩，其书法一样令人越看越爱，赏心悦目，可与大观楼联比较参详。

有人称大观楼长联为“一副长联，一部春秋”。西南名楼如甲秀楼、望江楼等，都有很好的长联，有的还比孙髯翁联更长，但是，既长又出奇的好，只能推大观楼长联第一。如果说“江南三大名楼”都是以诗文见长，则大观楼有孙髯翁一联，将与之并传不朽。

黔韵毓甲秀

甲秀楼矗立在贵阳南明河鳌矶石上，是我国十大名楼之一，也是贵阳的标志和象征。

甲秀楼始建于明万历26年（公元1598年），至今已有400多年历史。建楼以前，王阳明的再传弟子马廷锡曾在此建栖云亭讲学传道。明万历年间贵州巡抚江东之于此筑堤联结南岸，并建一楼以培风水，名曰“甲秀”，取“科甲挺秀”之意。有浮玉桥衔接两岸。

天启元年（公元 1621 年）焚毁，总督朱燮元重建，改名“来凤阁”。清代多次重修，清康熙二十八年(公元 1689 年)巡抚田雯重建，并恢复原名。现存建筑是宣统元年(1909 年)重建的。楼上下三层，白石为栏，层层收进，由桥面至楼顶高约 20 米。南明河从楼前流过，汇为涵碧潭。楼侧由石拱“浮玉桥”连接两岸，桥上有小亭一座，叫“涵碧亭”。甲秀楼朱梁碧瓦，四周水光山色，名实相符，堪称甲秀。

清代，所谓贵阳八景之一的“鳌矶浮玉”，即为位于贵阳南明河鳌矶石上的甲秀楼。甲秀楼兴建之初，先在沙中垒台作“奋鳌状”，名“鳌头矶”，再于台上建阁。甲秀楼前原竖有铁柱两根，一为雍正四年（公元 1726 年），云贵总督鄂尔泰镇压古州（今榕江）苗民，收聚兵器，铸铁柱标榜功绩；二为嘉庆二年（公元 1797 年）云贵总督勒保镇压兴义布依族王囊仙起义，收聚兵器所铸，两柱皆有铭文。解放初期，政府维修甲秀楼，拆除铁柱，移存省博物院。十年动乱中，楼危亭毁。1981 年，按原式样重修楼基部分，采用现代建筑材料和技术。重建涵碧亭。重修过程中，发现楼阁底层石墙中嵌有诗碑，重修后有八块诗碑复嵌于底层楼壁。楼额“甲秀楼”三字，系宣统年间谢石琴所书。十年动乱中散失，后寻回刻有“秀”、“楼”二字的两块，另据过去照片，配写“甲”字，按原式样悬挂楼顶层外面。

「甲秀楼」

甲秀楼分为三大部分：第一部分浮玉桥；第二部分甲秀楼主体建筑；第三部分翠微园。浮玉桥头立有石木牌坊，牌坊中央有“城南遗迹”四个大字，桥上建有“涵碧亭”。主体建筑甲秀楼飞甍翘角、石柱托檐、雕栏环护。翠微园是一组由拱南阁、翠微阁、龙门书院组成的明清古代建筑群。同时新建的贵州少数民族传统服饰陈列院，收集收藏了贵州省苗族、侗族、彝族、水族、革家、土家族、布依族等民族传统服饰、手工刺绣品、民间蜡染数百余件，令人叹为观止。

甲秀楼边，有贵阳仅存的一座始建于明宣德年间，距今 560 多年的明代建筑“翠微园”。这里原先是一片寺庙和园林，王阳明曾经游览过的南庵便在这里。他在《南庵次韵二首》诗中写道："松林晚映千峰雨"，"渔人收网舟初集"。后改建为翠微园，把寺庙建筑与园林庭院合为一体。翠微阁内，开辟了萧娴书法作品陈列馆。萧娴是贵阳人，她是康有为的弟子，是中国当代著名的女书法家。她的书法在气势宏大的笔触中显出隽秀，"飞檐甲天下，落影秀寰中"的条幅，诗句中隐言"甲"与"秀"的意思。"清风待客，明月留人"，运笔飞动，词意清雅。

「翠微园」

明清以来甲秀楼便是文人骚客聚集之处，高人雅士题咏甚多。清代包家吉《滇池日记》赞叹："登楼北望，贵阳城中烟火万家，历历在目。（楼）依山临水，晴漪叠翠，积岫送青，如入辋川图画中。楹联云：常倚曲栏贪看水；不安四壁怕遮山。又云：烟雨楼台山外寺；画图城郭水中天。虽无六桥花柳，而四山环翠，中阜弄珠，又西子所不能及也。"现楼内收藏古代真迹石刻、木皿、名家书画作品甚多。甲秀楼也有一副长联，为清代贵阳翰林刘玉山所撰，虽然有明显的模仿大观楼长联的痕迹，但是长联境界壮阔，文辞典雅，可称佳品。可惜，长联版本不一，有 206 字的，有 176 字的，不同版本之间出入较大，优劣互见，而网上莫衷一是，甚至以讹传讹，有待登临者赏鉴。清幽黔韵，甲秀独钟，甲秀楼作为贵阳历史文化的标志，名副其实。

风流望江楼

望江楼，本是崇丽阁、吟诗楼、濯锦楼等建筑的统称。位于成都东门外锦江畔，原址古称玉女津，是成都著名胜迹，如其门联所谓"少陵茅屋，诸葛祠堂，并此鼎足而三"。它与武侯祠和杜甫草堂一样闻名天下。

望江楼与唐代女诗人薛涛的名字紧密相连。薛涛，字洪度，长安人，幼年随父入川，居成都浣花溪畔。父死家贫，薛涛沦为乐伎。她色艺双绝，喜吟诗，善书法，曾被奏授校书郎，时称女校书。与当时著名诗人元稹、白居易、刘禹锡等均有唱和。据传薛涛死后葬于成都东郊锦江河畔，后人陆续在此建起吟诗楼、濯锦楼、浣笺亭、崇丽阁等纪念性建筑，以凭吊这位女诗人。古时，人们常从浣花溪登舟，顺江而下至此，饱览锦江秀色。成都人从水路远行，亲朋好友也多在此送行。因崇丽阁、吟诗楼、濯锦楼都可以登楼望江，于是将此地总呼为望江楼。现在此地辟为望江楼公园。

「成都望江楼」

望江楼公园中央有古井，井旁立有康熙年间成都知府冀应熊刻写的薛涛井石碑。相传薛涛即是用此井水制成各色花笺作诗笺，时称薛涛笺。李商隐诗曰："浣花笺纸桃花色，好好题诗在上头。"提到望江楼，必说薛涛笺，先有薛涛井、薛涛笺，后有望江楼。

光绪年间陈矩曾作《薛涛井怀古》诗曰："无波古井因涛重，有色遗笺举世珍。"

包汝楫《南中纪闻》说，每年三月初三，井水浮溢，人们将白纸向水面拂过，即变成娇红色的薛涛笺，鲜灼可爱，但是只能浸得十二三张，再多就不变色了。

其实这只是一个美丽的传说。据有关记载，薛涛生前居住过的万里桥、浣花溪、碧鸡坊都不位于成都东郊，她中年时用浣花溪水制纸笺，其地本在杜甫草堂附近，远在今天的望江楼之西。《寰宇记》说："浣花溪在成都西郊外，属犀浦县。大历（唐代宗年号）中崔宁镇蜀，其夫人任氏本浣花溪人。后薛涛家其旁，以潭水造纸为十色笺。"明代初年，蜀献王朱椿要仿薛涛法造纸上贡京师，但这时百花潭已渐淤积，于是将造笺的地点改到成都东郊的玉女津。何宇度《益部谈资》云："薛涛井旧名玉女津，在锦江南岸，水极清冽。久属蜀藩，为制笺处，有堂室数楹，令卒守之。每年定期命匠制纸，用以为入贡表疏，市无贸者。"大约明代中叶，玉女津、薛涛井就被误认为薛涛（浣花溪）制笺的故址了。

由于薛涛井侧田畴纵横，垂杨绿树，江水澄滢，云影波光，加上脍炙人口的女诗人薛涛的故事，在明朝末年这里已成为成都著名的游览胜地 。而薛涛井附近江畔，本是一个码头，在蜀道难难于上青天的古代，从成都开往川南、川东以至东下三峡出川的水道船只，都以此处为出发地。井旁多有楼馆之设，官商人士在此送往迎来，宴饯吟咏。杨慎有诗吟道："薛涛井上凝清露，江令筵前擘彩云。""江上楼，高枕江流，云霞连剑阁，烟树出刀州。登楼送客秋色里，旌旗影落清波水。"可见当年锦津行舟、江楼送客的盛景。可惜这些楼馆在明末清初的战火中荡然无存。康熙、乾隆期间，四川政局渐稳，经济逐步恢复，商贸交通兴盛，玉女津附近水码头日渐繁华，薛涛井周围的楼台亭馆逐渐恢复。先是嘉庆十九年（公元1814 年）由布政使和成都知府主持修建吟诗楼、浣笺亭、濯锦楼；继之光绪十二年（公元 1886 年）由四川总督支持、川籍文士伍崧生、马长卿等募款修建崇丽阁；以后又新修了五云仙馆、泉香榭、清婉室等。从康熙到光绪年间前后经过 230 多年，以薛涛井为中心的望江楼公园建筑群就大致成形了。

这些建筑群中以崇丽阁最富特色，通常所谓望江楼即指崇丽阁。

崇丽阁命名取左思《蜀都赋》"既丽且崇，实号成都"之意。全木结构，高 30 余米，共 4 层，上两层八角，下两层四角，金顶黄脊，绿瓦朱栏，飞檐重阁，于宏丽中透纤巧，设计新奇，每层瓦脊都饰有泥塑的珍禽异兽和历代人物。

登楼远眺，江天风物，绿野田畴，一览无余。崇丽阁也以楹联著名。"引袖拂寒星，古意苍茫，看四壁云山，青来剑外；停琴伫凉月，余怀浩渺，送一篙春水，绿到江南。"这是清人顾复初所撰。还有一副长 212 字名联，出自享有"长联圣手"美誉的清代江津人钟云舫之手，据说此人曾为江津县临江楼所撰联，竟长达 612 字。而望江楼上另有一奇联："望江楼，望江流，望江楼上望江流，江楼千古，江流千古。"据说，一位江南名士乘兴吟出上联后，终未得出下联，便留此上联于望江楼，抱憾而去。

百余年来，常有游人试图应对，难得佳对，其中“印月井，印月影，印月井里印月影，月井万年，月影万年”，比较而言，差强人意吧。

崇丽阁东侧，有吟诗楼，是借用薛涛旧居的名称。占地不大，一主两副，枕江而立，西傍假山，循石级上下，三叠相依，似亭非亭，别有一番雅致。南侧的五云仙馆、浣笺亭、泉香榭、清婉室、流杯池等，与楼阁相互呼应，设计者匠心巧运，因地造景，疏密相间，错落有致，体现出清幽古朴的园林风貌。

崇丽阁西侧是濯锦楼，形似船舫，两层三间，环楼四面临窗，楼廊四周置飞来椅，登楼倚坐，江风入怀，云影纵横。成都以产锦闻名，经过锦江水洗涤的织锦，色彩分外鲜亮，濯锦楼以此得名。另说濯锦楼是后人为纪念薛涛置酒于船上送别元稹一事而建造，其五云仙馆、流杯池等均与传说中的薛涛跟元稹的感情纠葛相关。

元稹曾以监察御史身份到成都，久慕薛涛芳名，两人过从甚密，常有唱和。元稹新丧偶，与薛涛情投意合，相爱四年，后两人发生不悦之事，薛涛负气离开。随后元稹调任长安。薛涛后悔，用自制诗笺写下一百多首诗给元稹，元稹也有诗信往还。元稹调任浙江后，与才貌双全的刘采春结为百年之好。薛涛则终身不嫁，将忧伤愤郁的情感一寄于诗。薛涛生平爱竹。其《酬人雨后玩竹》诗曰：“南天春雨时，那鉴霜雪姿。众类亦云茂，虚心能自持。夕留晋贤醉，早伴舜妃悲。岁晚君能赏，苍苍劲节奇。”后人念此，便在望江楼附近广为植竹，而今这里幽篁如海，被誉为竹林公园。

「濯锦楼」

“万里桥边女校书，枇杷树下闭门居。扫眉才子知多少，管领春风总不如。”从唐代诗人王建这首《寄蜀中薛涛校书》可以想象薛涛当年的绝代风华。

此间寻校书香冢白杨中，问他旧日风流，

汲来古井余芬，一样渡名桃叶好；

西去接工部草堂秋水外，同是天涯沦落，

自有浣笺留韵，不妨诗让杜陵多。

如今，诗人已去，只余空楼。“扫眉才子何由见，一讯桥边女校书”。登楼临远，抚今追昔，望不尽青山隐隐，碧水悠悠，引出游人无限遐思。

琴台凤求凰

成都西郊的三洞桥侧，有一座直径 80 余米，高约 15 米的圆形土丘，过去相传是西汉词赋大家司马相如的抚琴台遗址。杜甫寓居成都时曾去凭吊，诗人默默徘徊于荒台之上，眺望碧云暮霭，蔓草野花，追忆司马相如与卓文君惊世核俗、琴心相结的爱情故事，发出千古知音般的慨叹：

茂陵多病后，尚爱卓文君。

酒肆人间世，琴台日暮云。

野花留宝靥，蔓草见罗裙。

归凤求凰意，寥寥不复闻。

司马相如，字长卿，蜀郡成都人。他喜好读书击剑，做过汉景帝的武骑常侍，后为梁孝王宾客。梁孝王死后，相如潦倒，回到成都。不久应邛崃县令王吉的邀请，去临邛作客。当地富人卓王孙有女名文君，才貌双全，善鼓琴，丧夫后寡居在家。司马相如赴卓王孙宴时，弹琴以挑文君。高山流水，两心相印，于是文君夜奔相如，二人结为佳偶。相如、文君私奔之后，生活窘困，二人遂在成都（一说临邛）开了一间夫妻酒店。卓王孙觉得女儿女婿此举使自己脸上无光，于是分给文君“仆百人”、“钱百万”，相如、文君遂成富人。后因汉武帝十分欣赏相如所作的《子虚赋》，遂擢其为郎官，后又封为中郎将，出使西南。当司马相如奉旨出使，乘驷马高车抵达成都时，蜀郡太守率全体官员出城相迎。蜀人引以为荣，将司马相如经过的成都北门外的一座桥更名为驷马桥，至今犹存。司马相如与卓文君的爱情故事被人们传为千古佳话，而传说中的相如宅、相如琴台、相如文君卖酒处也就成了成都的名胜。

相如琴台作为成都的名胜，始于六朝，当时人漫指相如宅附近的一个高台为琴台。自从唐代著名诗人杜甫等人题咏后，琴台的名声远播，成了人们凭吊的胜地。历宋、元、明、清四朝，琴台的传说经久不衰，琴台的故址也为数不少。其中成都西郊五里铺的琴台遗址从明代一直传到清代中叶。清中叶以后，成都西郊五里铺的琴台旧址逐渐湮没无闻，而早在南宋陆游入蜀时就已颓废不堪的五代前蜀帝王建的永陵，经历了宋末元初、明末清初的屡次战乱后，也变成了一座荒芜的土丘。1942 年以前，未经发掘的王建永陵并不是如现在所见的由人工修整后显得比较规则的半球形墓冢，由于人为取土的破坏，永陵已成为东面高西面低北面陡的一座土高台。估计将永陵误会为琴台大概就在清中叶以后，因为琴台本是附会之说，并无一定的方位，西郊外 3000 米以内，南自浣花溪以北，北自老西门以南，这一范围内的任何土丘或高土台地均可被指为琴台。明代学宪陈鎏在五里铺所建的琴台，就出自他的随意指认。而当五里铺琴台废而不显后，人们再把永陵这座早已成为荒丘的大土台附会为琴台遗址，就是很自然的了。

「琴台故里」

1942 年正值抗日战争期间，人们在传说中的司马相如琴台故址一带挖防空洞，发现地下有排列整齐的砖砌体。华西大学教授、著名考古学家冯汉骥先生闻讯前往考察，经鉴定，此系五代前蜀皇帝王建的陵墓，史称“永陵”。人们之所以把荒废的皇陵与相如琴台遗址混为一体，一是二者方位相近，二是沧海桑田，“晋代衣冠成古丘”，帝王生前显赫，终不及佳人才子、文采风流、爱情美丽而传之久远。岑参《司马相如琴台》诗曰：

相如琴台古，人去台亦空。
台上寒萧瑟，至今多悲风。
荒台汉时月，色与旧时同。

可见早在唐代，所谓相如琴台已是人去台空，只存遗址，杜甫、岑参都是依据传说，至此凭吊先贤遗迹，以发思古之幽情。时至今日，人们仍然以“抚琴”，而不是“永陵”，命名这个地方，有以“抚琴”命名的村、街、路作为明证。近年兴建的仿汉建筑一条街“琴台故径”，更是古色古香，热闹异常。

说到“琴台凤求凰”的爱情故事，当然不应忽略卓文君，在卓文君的故乡邛崃，也有琴台、凌云阁、漾虚楼、文君井等古迹，可供凭吊。邛崃古称临邛，是一座有两千多年历史的古城。卓文君才貌双绝，其家是临邛首富。司马相如穷愁潦倒，一介寒士，史载相如“家居徒四壁立”，就是一贫如洗。文君爱相如什么呢？首先是文采风流。文君固然眼光卓绝，自古佳人钟情才子，也是我们的一个美丽的传统。

「琴台《凤求凰》」

有美一人兮，见之不忘。一日不见兮，思之如狂。凤飞翱翔兮，四海求凰。无奈佳人兮，不在东墙。将琴代语兮，聊写衷肠。何日见许兮，慰我彷徨。愿言配德兮，携手相将。不得於飞兮，使我沦亡。

凤兮凤兮归故乡，遨游四海求其凰。时未遇兮无所将，何悟今兮升斯堂！有艳淑女在闺房，室迩人遐毒我肠。何缘交颈为鸳鸯，胡颉颃兮共翱翔！凰兮凰兮从我栖，得托孳尾永为妃。交情通意心和谐，中夜相从知者谁？双翼俱起翻高飞，无感我思使余悲。

这一曲《凤求凰》，未必真出自司马相如之手，很可能是后人为曲配词，而托司马相如之名。但是这歌词真不错，情真意切，大胆热烈，与“求之不得，辗转反侧”，“一日不见，如隔三秋”，“上邪！我欲与君相知，长命无绝衰”之类，有异曲同工之妙。遥想当年，相如文君，两心相知，爱我所爱，旁若无人，笑对困窘，自食其力，文君当垆卖酒，相如涤器肆中，是一幅极富喜剧意味的画面。

临邛镇里仁街有文君井：“甃砌异常，井口径不过二尺，井腹渐宽，如胆瓶然，至井底径几及丈。”据考证，此井确系汉代古井。清末曾重新淘洗，复涌清冽甘泉。现在此地建筑仍保留汉代旧观，有琴台、碑院、凌云阁、香泉等景观。琴台青瓦飞檐，轻盈秀丽，绿绮琴置于桌上。其楹联曰：“井上风疏竹有韵；台前月古琴无弦。”晚清赵熙有“汉家遗韵井华新，第一风流卖酒人”的诗句，对相如文君的爱情是充分肯定的。1957年，郭沫若也曾在此手书《题文君井》：

文君当垆时，相如涤器处。
反抗封建是前驱，佳话传千古。
会当一凭吊，酌取井中水。
用以烹茶涤尘思，清逸凉无比。

距文君井不远的人民公园，即为文君家宅故址。明代淘湖时，掘出卓王孙贮藏五铢钱的两个大瓮。人们建亭藏瓮，名“瓮亭”。清代建鼓楼。文君家宅故址有楹联：“斯处山川遗汉迹；此间风物入唐诗。”平实的叙述中点出了此地的不同凡俗。王世贞说：“长卿之赋，赋之圣者。”在司马相如一生中，他在致力于四川边区少数民族与中原地区的和睦相处，加强相互间的经济文化交流等方面，是政绩卓越的。然而，“文章西汉两司马”，司马相如政声掩于文名，文名又不及“琴台凤求凰”的爱情故事影响巨大而广远。文君井尚在，相如琴依然。遗迹堪凭吊，佳话千古传。

「文君井」

西蜀子云亭

在我国文化史上，身世清楚，一生以文化创作为主要事业，其作品又有专集行世的作家，一般认为以汉代司马相如和扬雄为最早。司马相如和扬雄是汉代文学的“双子星座”，是巴蜀文化史上最著名的人物，成都也因此有“扬马名都”之称。

在川西地区，有关扬雄的纪念地很多，有郫县的扬雄墓，有成都的洗墨池以及墨池书院，还有四处子云亭，尤以绵阳西郊的子云亭声名最著。扬雄墓位于扬雄的出生地郫县，当地人称“子云坟”，冢高数米，草色青青，竹林四合，花园环绕。但据史书记载，扬雄死于长安，并由他的学生侯芭葬于长安。郫县扬雄墓是以后移来的还是衣冠冢之类，尚待考证。

洗墨池旧址在今成都青龙街第十三中学内，相传这里是扬雄在成都的旧宅东园，是他著述、洗笔、洗砚 的地方。唐代诗人岑参有《扬雄草玄台》诗曰：

吾悲子云居，寂寞人已去。
娟娟西江月，犹照草玄处。
精怪喜无人，睢盱藏古树。

宋、明、清几代都在这里建有纪念建筑，如洗墨池、子云亭、墨池书院等。如今，洗墨池淤塞不存，书院变成现代中学，惟“墨池”芳名还在文教界享有声誉。

子云亭原有四处，洗墨池侧的子云亭唐代就有，现已不存。五通桥附近之磨子场，清代尚有子云亭，现也不存。郫县子云亭始建年代不详，原在县城附近，乾隆年间移建于扬雄墓侧，“缭以墙垣，绕以曲池，树以花卉”。如今仅存土台遗址。至今犹存的子云亭，在绵阳市西郊西山景区，景区内有一大一小、一新一旧两座子云亭。子云旧亭在扬子云读书台上，读书台位于凤凰山左翅膀端之山畔，为一上面平坦的坚硬盘石。岩石前端有摩崖浮雕“扬子云真像”和扬雄传略，据民国版《绵阳县志》记载为宋代镌刻。岩石右侧摩岩浮雕大龛90多尊，均为唐懿宗咸通十二年镌刻的道教石刻。子云旧亭就修建于盘石之上，不知最早建于何年。《绵阳县志》记载民国六年（1917年）重修的子云亭是木结构的长方形亭台，在“文化大革命”初期被毁。到20世纪70年代，绵阳县城建局在原址上又重建了一座砖混结构的六角亭，至今犹存。

「子云亭」

1987年，在凤凰山凤头上新建的子云亭，占地10余亩，建筑面积1400多平方米，高23米，共三层，集楼、台、亭、阁于一体，外形典雅，雄伟壮观。在子云亭景区庭园中有扬雄巨型花岗石雕像，一代辞赋大家的风采栩栩如生地展示在游人面前。子云亭下的陈列室中，陈列着扬雄的《太玄》、《法言》等哲学、汉赋作品。子云亭的楹联中，有一副由高显齐先生撰联、白允叔先生书写的长联：

八百里飞天大道，袖拂云霞，高歌过剑门，翠廊连新市。看旗山雄，鼓岭峻，宝塔秀，神龟灵，西蜀名亭，蓬荜辉新，须知铭陋刘郎早向先生深致敬；

两千年吐凤奇才，胸罗宇宙，余韵腾涪水，书台仰古风，想长卿赋，子安文，少陵诗，永叔史，中华贤哲，词章卓古，尚有赏心介甫犹令后进倍倾城。

刘禹锡《陋室铭》："山不在高，有仙则名；水不在深，有龙则灵……南阳诸葛庐，西蜀子云亭。孔子云：何陋之有？"可见早在唐代，人们就把扬雄与诸葛亮并列先贤而致意景仰的。可是在《三国演义》中，作者借诸葛孔明之口说："若夫小人之儒，惟务雕虫，专工翰墨，青春作赋，皓首穷经，笔下虽有千言，胸中实无一策。且如扬雄以文章名世，而屈身事莽，不免投阁而死，此所谓小人之儒也。"这当然不可能真是孔明先生的原话，可是也太正统、太"讲政治"了吧，如此看待知识和知识分子，与20世纪的"文革"很有几分相似。据史载，扬雄家贫好学，为人简易佚荡，不慕富贵，与司马相如一样有口吃的毛病。一生历事成、哀、平、莽四朝，郁郁不得志。王莽诛杀甄丰父子，放逐刘棻，因刘棻曾向扬雄学古文字，有来往，于是株连扬雄。当时扬雄还在天禄阁中校勘古籍，司法官员前来抓他，扬雄从天禄阁跳下，以自杀相抗议。可是扬雄未能摔死，被救得治。后来王莽免去扬雄的罪名，又授予官职。而扬雄仍然过着"家素贫"，"人稀至其门"的生活，只有不多的学生来向他学习《太玄》与《法言》。公元18年，他病逝于长安，享年71岁。

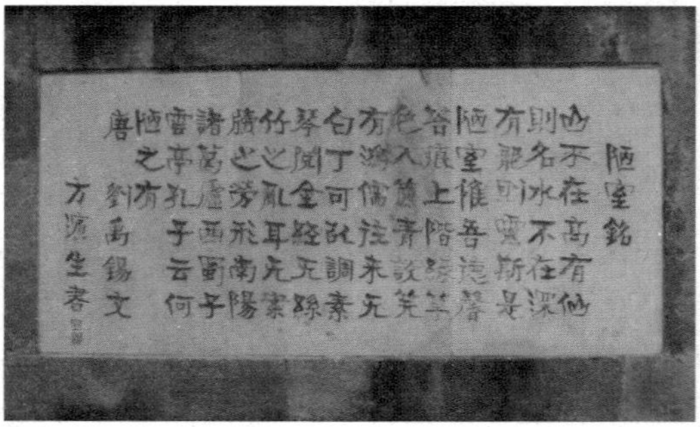

「刘禹锡《陋室铭》」

扬雄早年辞赋模仿司马相如，并称"扬马"。晚年觉悟，以为辞赋"劝百而讽一，曲终而奏雅"，雕虫小技，壮夫不为，而另写学术著作去了。因为他有《法言》、《太玄》等哲学名著，在古代列入儒家之林。子云亭虽然历经兴废，却因了刘禹锡《陋室铭》而历久弥新，1987年重建的子云亭，无论规模影响，都堪称"西蜀第一亭"。

天作石宝寨

长江三峡库区蓄水之后，有一些名胜古迹不得不整体往高处迁移，比如云阳的张飞庙，秭归的屈原祠，石宝寨比较幸运，它没有整体搬迁，而是通过保护工程，以围墙将石宝寨围起来了。围起来了的石宝寨整个下部山体淹没在江水中，仿佛装在巨盆里的石宝寨形成一个漂浮在江中的巨型山水盆景，远远望去，又好似停泊在江上的一艘巨轮。

石宝寨位于重庆市忠县以东45千米的长江北岸，距万州51千米。石宝寨阁楼通高56米，依山耸势，飞檐展翼，塔层由下而上逐层收缩，寨中楼阁12层，各层间由曲折迂回的转梯连接。

山寨整体依山就势，局部灵活巧妙，外型处理、楼道设计均不受一般建筑规范约束，创新大胆，是中国南方民间建筑的一颗明珠。石宝寨全由千年优质木材建成，采用穿斗结构，全部建筑未用一颗铁钉，竖耸而立的峻峭塔楼与横成舒展的山顶古刹交相辉映，匠心独运的设计建筑使其成为“世界八大奇异建筑之一”，也是国内少有的保存完好的几座古代民间建筑之一。

石宝寨相传是女娲补天时遗留下的五彩巨石，故名“石宝”，又极似一方巨大的印章石，又称“玉印山”，孤峰入云，矗立江畔，又名“连云山”。

明末谭宏起义，曾据此为寨，故名“石宝寨”。传说起初石宝寨上只有寨顶的庙，人们上山，只能凿石穿孔，铁索附壁，沿石凿的险径攀援而上，每有庙会，则难免死伤。后有能工巧匠，偶尔看到一只山鹰盘旋于玉印山之巅，大受启发，便采用依山造楼、轳转螺旋的方法，使路变寨、寨冠路、路旋天，于是成就了这巧夺天工、奇异恢宏的石宝寨。外观上，12层寨楼如同小儿搭积木一般，叠合成玲珑剔透的巨型宝塔，正是飞阁流丹，下临无地，瑰丽壮观。据《忠县志》载：“石宝寨始建于清康熙年间，经过数次修建，至清嘉庆年间形成今天的雏形”。《李鹏三峡日记》：“石宝寨位于长江北岸忠县，有孤峰突起，形似玉印，故名玉印山”；“寨楼依山势呈阶梯状布局”，“犹如一柱奇峰矗立江边”；“游人盘旋登楼至绀宇宫，犹如登云梯直上霄汉”；“鸟瞰四周，大江滚滚向东流去，北面一片梯田”。“当地人传说是女娲补天的遗石”，“石宝寨建于康熙年间”，“整个建筑由寨门、层楼和寨顶庙宇组成。共 12 层，通高 56 米”。“三峡大坝建成，石寨也不会淹没”。

「忠县石宝寨」

石宝寨保护工程于 2009 年 1 月竣工并对外开放。登临石宝寨，一是走陆路，由石宝新镇步行经过连接场镇与石宝寨东端的天桥进入；二是在石宝寨临江一侧码头登陆，直接经前寨门进入寨楼。现在长江水面上升到寨门口，山寨变水寨了，石宝寨周围形成一个 120 多亩的水面湖泊。寨子下方修了一圈白色堤坎，周围 800 多米，最高处 60 多米，顶部是一圈步道，攀十二级阁楼便可登上寨顶。冬天，三峡库区水位升至 175 米，石宝寨成为全岛；夏天，水位降至 145 米，石宝寨成为半岛。

来到前寨门，寨门上镶嵌有三个镏金大字“石宝寨”，两侧是一对铜狮。进入寨门有一条 3 米宽的石板路通向寨楼，路的一侧是一个花园，有亭台轩榭错落其间。再往前行，孤崖峻峭、四壁如削的石宝寨就耸立在眼前。寨楼岩壁上镌刻有田纪云题写的“江上明珠”、钱伟长题写的“川东奇秀”等石刻。沿着石级前行，是一石牌坊，牌楣刻有“必自卑”三字，据说取自“登高必自卑、引远必自迩”之意。牌坊另一面刻有“瞻之在前”四字。过牌坊向南来到寨楼前，寨门上正反面有“五龙捧圣”、“哪吒闹海”浮雕及取“福禄寿喜”之意的动植物浮雕。门楣刻有“小蓬莱”三字，其下有“梯云直上”4 个大字。进入寨楼，依山而建 12 层，其实在清嘉庆年间，石宝寨只有 9 层，后 3 层是 1956 年兴建的。寨楼每层末端均向上翘起，雕刻有龙、鹤等吉祥物。每层寨楼临江的墙壁均凿有直径约1米的圆孔和小方孔窗户，便于寨楼空气流通及远眺长江。从寨梯盘旋而上，到第二楼，有巴蔓子刎首留城的雕塑。相传春秋时期，外族入侵巴国，巴王求助楚国，楚王要巴国割让三个城池给楚换取出兵的条件。巴国在楚军帮助下取得了胜利。楚索城，巴蔓子刎首而留城，后人感其忠义，于是改地名为“忠州”，这也是忠县的来历。继续盘旋而上，每层寨楼都有塑像、画像及名人字画，如张飞义释严颜、巾帼英雄秦良玉的故事等。在6楼岩壁上还有唐代释迦牟尼石刻头像一尊。到了第7层寨楼，除了可以从楼梯上去外，还可以从西面的小木门、沿着一条石梯攀铁链而上。据说这条路是修寨楼以前人们上下的必经之道。攀着铁链继续向上，就到了建在山崖南面凌空横生石峰上的“望江台”，三面凌空，一面连岩，站在望江台上，不由想起刘禹锡的诗歌《堤上行》：

「石宝寨内景」

酒旗相望大堤头，堤下连墙堤上楼。

日暮行人争渡急，桨声幽轧满中流。

今人周北溪有诗曰：

南天宝玺镝江秋，巧叠精雕十二楼。

画作边章携不去，留它为砥镇忠州。

望江台北面的寨顶，有古庙绀宇宫，碧瓦朱檐，由“天子殿、玉皇殿、王母殿”组成，供奉“四大天王、玉皇大帝、瑶池祝寿、八仙过海”等塑像。正殿迎面墙壁的巨型壁画，是描绘女娲补天的故事，画面下方有一遗石，形状极似石宝寨。在后殿北面小庙内，有一石孔，口大如杯，人称“流米洞”。相传，石宝寨上这个石洞曾能流出大米来，每天流出的米仅供和尚们吃，后来一个和尚拿錾子把洞凿大想多出米，而流米洞从此再也不流米了。另有爱河桥、鸭子洞等古迹。据说拿一只活鸭子从洞口放进去，过一会，鸭子经九曲十八弯，最后会从江面浮上来。清人王尔鉴“泉深下与江波通”即指此也。站在山顶四处眺望，石宝寨四周一片汪洋，寨下周围修筑了一圈护坡，同时在护坡上修建了一米高的仰墙，把江水围在墙外。墙体涂上褐漆，远远看去仰墙极似石宝水寨山崖的一部分，并不让人感到突兀。围堤之上还修建了仿古长廊，并把石宝寨的传说刻在砖墙上，与寨楼浑然一体。

湘江晚照　岳阳名楼

从地图上看，湖南、湖北两省位于长江流域的中部，在古代，两地同属楚境，地相邻，风相近，楼台亭阁在这里如峰峦竞秀，巨星云集。江南三大名楼，这里独居其二。且不说历史悠久、文化深厚的古琴台、定王台、爱晚亭、晴川阁，单是岳阳楼、黄鹤楼，若不以专章叙述，便不足以称其分量。

此亭偏爱晚

湖南长沙是历史文化名城，自古有“屈贾之乡”、“潇湘洙泗”的美称。长沙岳麓山，因其为南岳之足，故以麓名。岳麓山因有“惟楚有才，于斯为盛”的岳麓书院而名重天下。在岳麓山的山腰，清风峡台地上首，有亭翼然，便是中国四大名亭之一的爱晚亭。

爱晚亭重檐八柱，琉璃碧瓦，亭角飞翘，自远处观之似凌空欲飞状。内为丹漆圆柱，外檐四石柱为花岗岩，亭中彩绘藻井，东西两面亭棂悬以红底鎏金“爱晚亭”匾，是由当时的湖南大学校长李达专函请毛泽东所书手迹而制。

爱晚亭为乾隆五十七年（公元1792年）岳麓书院山长罗典所建。原亭几经兴废，同治年间重修。光绪、宣统时期，湖南高等学堂监督程颂万又有修葺，于亭中刻题记曰：“宣统三年秋，补葺爱晚亭，刻南轩、南园二先生诗，并征罗鸿胪故事，书放鹤二字，以永嘉游。”南轩即南宋时期岳麓书院山长张栻；南园为清代钱沣。他们分别有《青枫峡诗》和《九日岳麓山诗》，刻于亭内方石，题名“二南诗刻”。20世纪50年代后爱晚亭又曾两度重修。

罗典是清代著名经学家，官至鸿胪寺少卿，在岳麓书院执教27年，多次受到朝廷嘉奖。爱晚亭上有罗典所撰对联：

山径晚红舒，五百夭桃新种得；

峡云深翠滴，一双驯鹤待笼来。

据说此联经程颂万修改过，比原联更好了。亭前溪涧多芳兰，因名“兰涧”。涧中流水击石有声，人称“石濑”。亭之四周枫林成片，深秋霜林如醉，枫红似火，因此，爱晚亭又名“红叶亭”、“爱枫亭”。

相传此亭初名“红叶亭”、“爱枫亭”。有一年秋天，江南著名才子袁枚来到长沙，许多人慕名拜会，独罗典对于袁枚的为人、为学不以为然。为防止袁枚来访书院，罗典特别在书院牌楼贴上一联：“不为子路何由也；

非是文公请退之。”此联极妙，合乎罗典的身份性情，与袁枚的为文为人大异其趣。意思说，你袁枚不是子路、韩愈一流人物，我们这里不欢迎你。两天后，袁枚见此联，摇头一笑，递上拜帖，而罗典称病不见。袁枚离开后，罗典命人泼水冲洗院前台阶，说是清除异端邪气。袁枚则遍游岳麓，对各处胜景皆有吟咏，唯独于红叶亭只抄录杜牧《山行》绝句，将“停车坐爱枫林晚”一句有意脱去“爱、晚”二字。罗典闻知此事，连呼惭愧，于是改红叶亭为“爱晚亭”。上述故事颇富传奇，流传甚广。但实际上，真正为红叶亭改名者可能是毕沅（号秋帆），而不是袁枚。

「爱晚亭」

罗典的《次石琢堂学使留题书院诗韵二首即以送别》诗后有一条自注：“山中红叶甚盛，山麓有亭，毕秋帆制军名曰‘爱晚’纪以诗。”据现有资料，知袁枚访问岳麓山是在乾隆四十九年（公元1784年），红叶亭的修建是在乾隆五十七年（公元1792年），晚于袁枚访问时间八年，显而易见，“爱晚”亭名不可能是袁枚所改。那么，为什么肯定说是毕沅改的呢？除了上述罗典诗的一条注以外，还因为，毕沅那时任湖广总督，常到岳麓山爱晚亭一带游览。毕沅与罗典有多年的交谊。他在乾隆五十四年（公元1789年）冬游岳麓山所写的两首长律中，对罗典倍加称颂，并有“旧雨重逢要夙愿”、“精神强胜廿年前”之句。因此，揆诸情理，亭改“爱晚”者应该是毕沅，而不是袁枚。

爱晚亭改名的故事与传说，表明“爱晚亭”确实比“红叶亭”、“爱枫亭”等名字更佳。然而好名难得。洪迈《容斋随笔》有云：“立亭榭名，最易蹈袭，既不可近俗，而务为奇涩亦非是。东坡见一客云近看《晋书》，问之曰：曾寻得好亭子名否？盖谓其难也。”今“爱晚亭”名，典出名句，又切合亭之环境，既不近俗，也不艰涩，与“红叶”、“爱枫”相比，好出不可以道里计。不止此也，大凡著

「岳麓书院」

名的亭台，都有一个好的名字，如“兰亭”、“醉翁”、“陶然”之类，往往令人一见生喜，细细品味又有不尽的余韵。

近代以来，爱晚亭畔留下过不少伟人的足迹，毛泽东亲书亭名，其来有自。青年毛泽东求学长沙时，常和蔡和森、罗学瓒、张昆弟等，在爱晚亭聚首读书，锻炼身体，探求真理。他们从这里登山，有时分散在山中露宿，有时顶着大风雨作“风浴”、“雨浴”。从《沁园春·长沙》中可以想见毛泽东早年的游学生涯及其非凡抱负，如今毛泽东这首词亦刻石立碑于亭内。周世钊先生有《从毛主席游岳麓山至云麓宫》七律一首，记叙了新中国初期人们喜庆升平的心迹：

滚滚江声走白沙，飘飘旗影卷红霞。
直登云麓三千丈，来看长沙百万家。
故国几年空兕虎，东风遍地绿桑麻。

南巡已见升平乐，何用书生颂物华。

周先生另有《踏莎行·秋日游爱晚亭》词一首，从内容看当是前诗的姊妹篇：碧涧鸣琴，红林供画，一山秋色多潇洒。为寻旧迹上芳亭，早接英姿上黉舍。身在山中，心忧天下，凭栏熟计连朝夜。菜根为饭草作鞋，要将历史重头写。其下阕，显然是写毛泽东的故事。

爱晚亭在抗日战争时期被毁后，虽经修复，亦不复旧观。1952年、1968年两度重修，才有如今的优美壮观。两条碧涧从幽谷中潺潺而来，流入亭前的池塘，涧水流石有声，张栻咏“石濑”诗云：“流泉自清泻，触石长短鸣。穷年竹根底，和我读书声。”如今，湖南大学、湖南师范大学的学生常在这里读书休憩，淙淙流水，琅琅书声，交织成清新悦耳的晨光曲。亭前池水清且涟漪，倒映着碧瓦红檐的亭子，颇具“楼台倒影入池塘，水晶帘动微风起”的诗情画意。

天问谁独醒

屈原是我国古代最伟大的爱国者、政治家、诗人。楚国丹阳（今湖北宜昌市秭归县），是屈原的出生地；湖南的汨罗江，是屈原自沉之处。周赧王三十七年（公元前 278 年），秦国再次攻楚，占领郢都，楚顷襄王被迫迁都于陈（今河南淮阳）。消息传来，流放之中的屈原重返郢都的希望彻底破灭，于是作诗篇《怀沙》，再次抒发忠贞爱国的情怀和“受命不迁”的崇高志节，倾诉了郁积于心头的苦闷，然后投汨罗江而死。终年 62 岁。以纪念屈原为主题的亭台楼阁，自然以湖南、湖北为最多。

「天问台」

天问台位于湖南省桃江县内的凤凰山上。天问台四周古木参天，林荫蔽日。

相传，楚国三闾大夫屈原因主张彰明法度，举贤授能，改革政治而遭子兰、靳尚等人之谗而去职放逐江南，他在遍涉湘沅之后，由湘西来到这里。在山上一座神庙住了下来，并在此写下了千古不朽的诗篇《天问》，所以此处有“天问台”遗迹。

据清康熙《益阳县志》载：“相传屈原作《天问》于益阳之桃花江。屈原放逐江南，作《九歌》于玉笥山中，山在湘阴，则《天问》作于此间，不为无据。”据《清一统志》载：相传此地乃屈原作《天问》处，山下旧有庙曰凤凰庙。祀原与夫人，俗称凤凰神，每端阳竞渡辄祀之，清道光年间庙毁，今存遗址。考楚辞载：屈原放逐，徬徨山泽，见楚有先王庙，图画山川神灵，琦玮诡谲，及古贤圣怪物行事，因书其壁，何而问之。又《涉江》篇曰沅、曰湘，距资不远；曰溆浦、曰辰阳，则益之西境，意原涉而南尝溯洄于此，故《天问》作于此间，不为无凭。天问台上曾建有天问阁，内有石刻、彩塑、木雕，天问阁同凤凰庙一同因清道光年间的一场大火而不复存在。今仅存“古天问阁遗址”石碑一块。

公元前 290 年，屈原看到楚国危机日深，政治日昏，国土日削，他来到桃花江，站在凤凰山绝壁之上，面对脚下滔滔资水，远处隆隆雷声，天地自然，社会政治，人生命运，探索与追求一齐涌上心头，他仰望苍天，愤而问之。《天问》是屈原的代表作之一，全诗 373 句，1560 字，多为四言，兼有三言、五言、六言、七言，偶有八言，起伏跌宕，错落有致。全诗自始至终以问句构成，一口气对天、对地、对自然、对社会、对历史、对人生提出 173 个问题，被誉为“千古万古至奇之作”。郭沫若评价《天问》是空前绝后的第一等奇文字。

独醒亭位于湖南省汨罗市玉笥山顶屈子祠前。据屈原《渔父》中“举世皆浊我独清，众人皆醉我独醒”之义，称“独醒亭”。该亭始建于汉代。清乾隆二十一年（公元 1756 年）移建于此。亭为六角形，攒尖顶，灰瓦，檐角翼然，傲然伸于苍穹。亭为木结构，呈铁红色，周有靠背栏杆围护。花岗石辅基，彩绘藻井，内绘金龙翔舞，生气勃然。亭体不同凡响，既古拙宽厚，又有壮丽之风。现在亭前有茅盾、赵朴初题写的“独醒亭”匾额。

相传屈原到了江边，披散头发，在泽畔一面走，一面吟咏着。脸色憔悴，身体干瘦。渔夫看见他，便问道：“您不是三闾大夫吗？为什么来到这儿？”屈原说：“整个世界都是浑浊的，只有我一人清白；众人都沉醉，只有我一人清醒。因此被放逐。”渔夫说：“圣人，不受外界事物的束缚，而能够随着世俗变化。整个世界都浑浊，为什么不随大流而且推波助澜呢？众人都沉醉，为什么不吃点酒糟，喝点小酒？为什么要怀抱美玉一般的品质，却使自己被放逐呢？”屈原说：“我听说，刚洗过头的一定要弹去帽上的灰沙，刚洗过澡的一定要抖掉衣上的尘土。谁能让自己清白的身躯，蒙受外物的污染呢？宁可投入长流的大江而葬身于江鱼的腹中。又哪能使自己高尚的品质，去蒙受世俗的尘垢呢？”于是他写下《怀沙》诗篇，然后抱着石头，投汨罗江而死。

「独醒亭」

另据《哀郢》分析，屈原第二次被流放，其路线是从郢都（湖北江陵县）出发，先往东南顺江而下经过夏首（湖北沙市东南）、遥望龙门（郢都的东门）经由洞庭湖进入长江，然后又离开了夏浦（湖北汉口），最后到了陵阳（据说是今安徽青阳县南）。时间长达 18 年。武昌东湖有行吟阁，也是为纪念屈原而建。相传屈原遭流放后曾行吟于东湖一带。行吟阁名取自《楚辞·渔父》“行吟泽畔”。“行吟阁”三字为郭沫若所书。阁高三层，绿瓦、圆柱、方形。阁前有屈原立像雕塑一座，像高3.6米，底座高3.2米。屈原昂首观天，举步欲行，仿佛正漫步湖滨，高诵《天问》。叶剑英元帅1979年4月游览东湖后题诗曰：“泽畔行吟放屈原，为伊太息有婵娟。行廉志洁泥无滓，一读骚经一肃然。”三峡库区蓄水之后，位于屈原故里宜昌市秭归县的屈原祠，被迁徙到新县城以东、风景秀丽的凤凰山上。“江上荒城猿鸟悲，隔江便是屈原祠。一千五百年间事，只有涛声似旧时。”陆游的诗句至今又有几百年了，天问台、独醒亭、行吟阁、屈原祠，与志洁行廉的屈原的名字联系在一起，将天长地久，历久弥新，令后来者肃然景仰，低回不已。

「东湖行吟阁」

岳阳天下楼

岳阳楼位于湖南省岳阳市古城西门城墙之上，下瞰洞庭，前望君山，远吞长江。李白诗云：“楼观岳阳尽，川迥洞庭开。”自古有“洞庭天下水，岳阳天下楼”之美誉，与湖北武昌黄鹤楼、江西南昌滕王阁并称为“江南三大名楼”。

岳阳楼主楼高19.42米，进深14.54米，宽17.42米，为三层、四柱、飞檐、盔顶、纯木结构。楼中4根楠木金柱直贯楼顶，周围绕以廊、枋、椽、檩互相榫合，结为整体。作为三大名楼中唯一保持原貌的古建筑，其独特的盔顶结构，体现出古人的聪明智慧和能工巧匠的精绝技能。北宋范仲淹脍炙人口的《岳阳楼记》更使岳阳楼著称于世。盔顶飞檐正中牌匾“岳阳楼”三字，为郭沫若手书。

（一）雄楼论古今

岳阳楼始建于何时？清以前修志皆谓“莫知其始”。至同治时的《巴陵县志》，才依据宋时范致明的《岳阳风土记》巴丘“郡城乃鲁公所筑”之说，推测“岳阳楼或曰鲁肃阅军楼”。后人多采此说。也有人持异议，以为鲁肃当时为横江将军驻守巴丘，说鲁肃始修城楼有可能，说鲁肃修阅兵楼则未必。

「岳阳楼内景」

两晋南北朝时期，巴丘城先后改建为巴陵县城、巴陵郡城，巴丘城楼也改称巴陵城楼。南朝诗人颜延之《始安郡还都与张湘州登巴陵城楼》一诗中，有“江汉分楚望，衡巫奠南服。三湘沦洞庭，七泽蔼荆牧。水国周地险，河山信重复。凄矣自远风，伤哉千里目。”等诗句，可算是迄今发现的最早吟咏岳阳楼壮阔绮丽风光的歌诗。

至唐代，巴陵郡改为岳州，巴陵城改为岳阳城，巴陵城楼自然叫做岳阳楼了。岳阳楼的扩建、定名及其声名远播，始于唐代张说。张说（公元667—730年），字道济，洛阳人，历事武后、中、睿、玄宗四朝。玄宗时，召为中书令，封燕国公。开元四年（公元716年）贬守岳州。张说长于文辞，与许国公苏颋并称“燕许大手笔”。贬岳州时，张说年近半百，饱经风霜，乃借扩建岳阳楼，以寄情消愁。岳阳楼之名可能即定于这个时期。岳阳者，以其在天岳山之南也。楼成之后，张说“每与才士登楼赋诗，自尔名著”。后来，李白、杜甫、孟浩然、白居易、刘禹锡、李商隐等著名诗人相继登临歌咏，岳阳楼声名益大。

宋庆历三年（公元1043年），滕子京贬知岳州，在任三年后，调苏州，卒于任所。滕子京与范仲淹是同年进士，曾擢天章阁待制，为人负才尚气，支持改革，屡遭贬谪。在岳州期间，滕子京虽愤郁满怀，却励精图治，筹办了三件大事：一是维修南湖紫荆堤，筑偃虹堤，以防御洞庭湖波涛冲击。二是兴办郡学，以造就人才。三是重修岳阳楼。他以张说为表率，

「洞庭湖边的岳阳楼」

寄情托志于山水楼台之间，来岳州上任的第二年就开始重修岳阳楼，楼台“增其旧制”，规模宏大，极为壮观。他在给范仲淹的《求记书》中写道：天下郡国，非有山水环异者不为胜，山水非有楼观登览者不为显，楼观非有文字称记者不为久，文字非出于雄才巨卿者不成著。于是在岳阳楼重修之后，他请名家作《洞庭秋晚图》，与《求记书》一并寄给好友范仲淹，请范为岳阳楼记，范仲淹欣然命笔，《岳阳楼记》与名楼遂传颂天下。

其后千余年间，岳阳楼几经兴废，历尽沧桑，有史可查的修葺达 30 余次。每次圮毁之时，“则横波巨浪，冲击其下，迁客骚人矫首而太息”；每次重建之后，“则层檐飞阁，巍焕于其上，文人才士登眺而徘徊。”保持到现代的岳阳楼，是清光绪六年所建的。1983 至 1984 年，在保持原有的历史风貌和建筑艺术风格的基础上，采用现代技术对岳阳楼进行了重修，同时，改建了周围“南极潇湘”、“北通巫峡”、“朝晖夕阴”、“气象万千”四座牌坊，刷新了怀甫亭、三醉亭、仙梅亭三座辅亭。楼内陈设也有所充实。在江南三大名楼中，惟岳阳楼古朴宏伟，旧貌依然。

（二）忧乐最关情

宋代李曾伯《重修岳阳楼记》云：“洞庭天下之胜，岳阳楼又擅洞庭之胜，庆历之记尽矣。后有作者，未能易加一辞。”

早在宋元丰年间，已经有了滕楼、范记、苏书、邵篆“天下四绝”之说。范记实为四绝之魂。

《岳阳楼记》之于岳阳楼，如同《滕王阁序》之于滕王阁，说是楼以文传，文与楼相得益彰，当然不错，而《岳阳楼记》之所以超出一般意义上的楼台赋记，实在是因为范仲淹德能超凡，心怀天下，才有这至情美文，千古风范。

范仲淹（公元989—1052年），字希文，吴县（今江苏苏州）人。北宋著名政治家、军事家、文学家。谥文正。

出身贫寒，两岁丧父。母亲改嫁后，他随母寄人篱下。青年时曾寄宿寺庙，化粥为食，五年未尝脱衣而眠。他刻苦好学，27岁即真宗大中祥符八年登进士第。在陕西防守多年，西夏不敢入犯，说范仲淹“胸中自有数万甲兵”。庆历三年（公元1043年）授参知政事，提出十项改革方案，因保守势力过于强大而失败。于是请求外任，历知邠州、邓州、杭州、青州，皆有善政。应好友滕子京之请作《岳阳楼记》，时在邓州任所。

《岳阳楼记》全文仅360余字，可谓行行金玉，字字珠玑。大致分为五个层次：第一层简要说明作文缘由，提出“政通人和”才有名楼复兴的观点。第二层进入正文，因为“岳阳楼大观”前人多有所述，所以不对楼阁本身作描写，而写洞庭湖，写洞庭也不作客观描述，而是酣畅淋漓地铺陈迁客骚人登楼观临洞庭时的不同感受。第三层写悲者之览物，“忧谗畏讥，感极而悲者矣”。第四层写喜者之览物“渔歌互答，此乐何极！把酒临风，其喜洋洋者矣”，色彩鲜明，形象生动，体物浏亮，音韵铿锵，至善至美之文。没有这两层，文章立不起来。这一悲一喜，水到渠成地引出第五层，即全文主旨：上述二者皆不足法，“仁人之心”当“不以物喜，不以己悲”，“居庙堂之高，则忧其民；处江湖之远，则忧其君”，而应“先天下之忧而忧，后天下之乐而乐”。从文章构思布局来看，一正一反一合，有汉赋的印迹与神韵。

欧阳修后来为范仲淹写的碑文中说，范文正公从小即有志于天下，常自诵曰：“先天下之忧而忧，后天下之乐而乐。”可见《岳阳楼记》有这样的境界，绝非偶然，是范仲淹宏伟抱负和高洁操守的集中体现。有高尚之人才有壮美之文。以至于后来的乾隆皇帝都有所感动，他在为元末画家夏永所绘《岳阳楼图》的题诗中说：“先忧后乐仲淹记，至语真先获我心。”

「岳阳楼碑廊」

诗后留有“自强不息”等印章。此诗现已刻碑，镶嵌入岳阳楼碑廊。

清人姚登瀛《登岳阳楼》诗云：“我上斯楼别无念，忧乐两字最关情。”在中华民族几千年历史长河中，以天下为己任，自强不息，先忧后乐，有所作为的思想境界和精神状态，从来是我们民族精神的主流和主旋律。如此人生境界与人生追求，千百年来令人景仰向往、吟哦低回，雄才巨卿欲因此建功立业，万古流芳；芸芸众生虽不能至亦心向往之。况且《岳阳楼记》文辞优美，文采飞扬，情真意挚，雅俗共赏，思想的精深与艺术的精美都臻于极致。这就是《岳阳楼记》历经千年而不朽，不仅在国内广为传颂，而且在海外华人圈中历久传扬的道理，这也是岳阳楼之为千古名楼之冠的原因。据说如今的岳阳楼管理处有一个规定，游客能够背诵《岳阳楼记》者，可以免费游览岳阳楼。这真是一个不错的举动。

自范仲淹《岳阳楼记》之后，有关岳阳楼的题记、游记连篇累牍，所记以“重修”为多，所感大多不出范文正公“忧乐”樊篱。费孝通先生《洞庭记游》写于1987年，其中登岳阳楼一篇的感怀见识值得一说：但是“浩浩荡荡，横无际涯”的旷达宽舒之景则已经在过去的岁月里大大地打了折扣。

据说原来的八百里洞庭现在只留下在岳阳楼上所能望得到的一角湖光，不上百里。自从长江越湖下流，泥沙淤积，滩地日广，有些已围垦成高产的良田，有些则芦苇蔓生，似陆非陆。从飞机上下望是一片大小沼泽串联成的水网。沧海桑田，是祸是福，见仁见智，尚属难判。

费孝通先生作为一个人文学者，在看待洞庭生态上的求实精神以及流露的深远忧虑，令人钦佩，引人深思，可以视为范仲淹“忧乐”情怀的延续。

因为《岳阳楼记》的绝妙神奇，还引出了一个问题：范仲淹作此文时在不在岳阳楼，他见没见过滕子京重修的岳阳楼？岳阳本地一些学者认为，范仲淹之所以能写出千古奇文，是因为他从小寄寓洞庭湖畔的安乡。而历史学家邓广铭先生认为，范仲淹生于苏州，两岁丧父后，其母谢氏携之改嫁淄州长山（今山东邹平县）朱氏，他被改名朱说。20 岁举学究，后即读书于长山醴泉寺（不是洞庭湖畔）数年。一日惊闻本是苏州范氏子，乃发愤自立，27 岁进士及第，为亳州节度推官时上表陈请归宗，改名范仲淹。据载，范仲淹声名远播之后，拉他作“乡贤”便古已有之，以至南宋后期有关范仲淹青少年时期的居址与就读处就成了问题。这与诸葛亮身后的“南阳”、“襄阳”之争颇为类似。另一方面，恐怕范母的改嫁，后人为贤者讳，也是造成范仲淹早期活动居址扑朔迷离的原因。范仲淹游学游宦时是否到过洞庭湖一带尚难定论，而他作《岳阳楼记》时，是在邓州任所；如果说他当时就在洞庭湖岳阳楼，滕子京就不至于写信求他为重修的岳阳楼作记了。揆诸情理，范仲淹当是在接到滕子京的“求记书”后，依据同时寄来的《洞庭秋晚图》，而写出了《岳阳楼记》。这或许也是他在楼本身着墨很少而多渲染洞庭风光的原因吧。欧阳修在《相州昼锦堂记》中说：“余虽不获登公之堂，幸尝窃诵公之诗，于是乎书。”欧阳修为韩琦的昼锦堂作记，并没有见过昼锦堂，只是读过韩琦的诗；范仲淹作《岳阳楼记》，并没有登临岳阳楼，只是根据滕子京的信和一幅《洞庭秋晚图》。这当然只有范仲淹、欧阳修这样的“文正公”、“文忠公”，这样真正的雄才巨卿、文章巨擘，可以当之。

（三）诗联屏绝妙

岳阳楼是一座诗文楼。在岳阳楼众多诗文中，以杜甫《登岳阳楼》诗和范仲淹《岳阳楼记》最为杰出。就其对岳阳楼的影响而言，范记超过杜诗，而范记受杜诗感染影响是显然的，“刻唐贤今人诗赋于其上”，透露了其中消息。

岳阳楼诗由颜延之开启先河。他在南朝宋初任太子舍人，少帝时出任始安（今广西桂林）太守，不久调往建康，赴任途经岳阳，留诗《始安郡还都与张湘州登巴陵城楼》。诗人登高极目：江汉分楚，衡巫奠南，浩浩三湘之水汇入洞庭，茫茫云梦七泽滋养着荆州沃野。这种辽远开阔的视野和磅礴广大的胸襟，显然是把握了观览洞庭的最佳视角和具有典型意义的审美体验，创奠了登岳阳楼吟咏唱和的基调，对后世影响很大。

自唐代张说修筑岳阳楼，“多与才士登楼赋诗”，岳阳楼成为文人学士雅聚吟咏之乡，贬官迁客消愁遣怀之所，岳阳楼才成为真正意义上的诗文楼。58岁的李白因永王李璘案被判流放夜郎。次年李白在沿长江西行赴流放地途中遇赦，于是从白帝城出发，顺江而下，经江夏，至岳阳，写下《与夏十二登岳阳楼》：

楼观岳阳尽，川迥洞庭开。
雁引愁心去，山衔好月来。
云间连下榻，天上接行杯。
醉后凉风起，吹人舞袖回。

其首联“楼观岳阳尽，川迥洞庭开”传为名句。唐诗中吟咏洞庭岳阳楼的好诗，还有孟浩然的《望洞庭湖呈张丞相》：

八月湖水平，涵虚混太清。
气蒸云梦泽，波撼岳阳城。
欲济无舟楫，端居耻圣明。
坐观垂钓者，徒有羡鱼情。

处于盛唐的孟浩然，一生在隐居与出仕之间徘徊，开元二十五年（公元737年），右丞相张九龄贬为荆州长史，孟浩然虽有“干谒”之意，此诗毕竟“起法高浑，三四雄阔”。气蒸云梦泽，波撼岳阳城。一个“蒸”字，一个“撼”字，捉住了洞庭内在的磅礴气势与外在的煊赫声威，有声有色，充满活力。宋末元初的方回将这一联与杜甫“吴楚东南坼，乾坤日夜浮”相并列，谓“后人不敢复题”，此说大致不差。

然而，就其精神境界、人格光辉、艺术造诣及其对后世影响等多种因素综合起来看，在众多吟咏洞庭湖、岳阳楼诗词中，首屈一指的还是杜甫《登岳阳楼》：

昔闻洞庭水，今上岳阳楼。
吴楚东南坼，乾坤日夜浮。
亲朋无一字，老病有孤舟。
戎马关山北，凭轩涕泗流。

这首千古绝唱，作于唐大历三年（公元768年）岁暮。当时57岁的诗人，饱经忧患，身染重病；国家风雨飘摇，万方多难。他登临渴慕已久的岳阳楼时，感情自然极为复杂，笔下情景也就如八百里洞庭千汇万状，雄浑苍茫。“吴楚东南坼，乾坤日夜浮。”以气吞云梦的胸襟怀抱和熔铸万物的煌煌巨笔，卓然光掩前人：洞庭汪洋将吴楚相隔；天地日月沉浮于浩波之上。“虽不到洞庭者读之，可使胸次豁达”。今天读之，犹有“眩晕”、“怵目”之感，联想杜甫作此诗的背景，那么，不仅是吴楚、乾坤载沉载浮，还有宇宙、人生、家国、命运莫不飘飘摇摇，恍恍惚惚，谁能自主？让我们感到，洞庭日夜汹涌、天地为之低昂的壮阔气象扑面而来，诗人心忧天下、古今为之俯首的伟大胸襟豁然洞开。正是：“吴楚乾坤天下句，江湖廊庙古人情”。

「毛泽东手书《登岳阳楼》」

1964年秋天，诗人毛泽东登临岳阳楼，却没有留下诗作，而是手书了杜甫《登岳阳楼》，这从一个侧面表明了此诗的空前绝后，高不可攀。毛主席草书的杜甫《登岳阳楼》，笔意奔放，布局严谨，笔力雄健，似怀素狂草，将诗圣的赤心大爱盎然再现于尺幅之间。此书作放大勒石，嵌于岳阳楼碑廊，并刊刻成雕屏，高悬于三楼主壁之上。

岳阳楼诗文之外，楹联极多。走进岳阳城楼，迎面的大门有对联：“洞庭天下水；岳阳天下楼。”是明代魏允贞诗句，清代张照手迹。“眼前忧乐谁无意；天下江山此最雄。”是明代杨一清的诗句。清代书法家何绍基书写、与其同年进士窦垿所撰的长联最有气势：

一楼何奇，杜少陵五言绝唱，范希文两字关情，滕子京百废俱兴，吕纯阳三过必醉。诗耶，儒耶，吏耶，仙耶？前不见古人，使我怆然涕下；

请君试看，洞庭湖南极潇湘，扬子江北通巫峡，巴陵山西来爽气，岳阳城东道岩疆。渚者，流者，峙者，镇者！此中有真意，问谁领会得来。

窦垿、何绍基的长联包涵了岳阳楼丰富的意蕴。如果在这丰富中提炼出岳阳楼的主体精神，则清嘉庆年间巴陵知县陈大纲的对联：“四面湖山归眼底；万家忧乐上心头。”可谓御繁于简，提纲挈领，恰到好处。岳阳楼之大观，当然有很强的包容性，所谓诗也、儒也、吏也、仙也交相辉映，浑然一体。有些楼台亭阁之所以不及岳阳楼影响之广远，固然因为无华章绝唱可与杜诗范记匹敌，还有精神内涵文化底蕴过于单薄褊狭，可能是其传而不远的原因。另一方面，一座楼阁精神蕴涵如果过于纷乱零碎，又会将其主体精神弱化淹没，难以彰显其独特风格与价值。岳阳楼既有丰厚的文化底蕴，又有鲜明的主体精神，即古代仁人君子所崇尚的大丈夫气概，突出表现为以天下为己任的胸襟和自强不息的精神。临近洞庭湖，登上岳阳楼，不知不觉会被一股至刚至大的浩然之气所感染，所激荡，一切渺小的、纤细的、柔弱的、卑俗的情怀趣味，都与岳阳楼无缘。“四面湖山归眼底；万家忧乐上心头。”这才是登临岳阳楼所配有的眼界和胸襟，也只有岳阳楼能够激发人们的这类志趣怀抱，只有岳阳楼才配得上这副对联，把它放在黄鹤楼、滕王阁、大观楼上，好像都不够和谐。史学家刘大年先生所撰也是好联：鲁肃兵轻，范公文远，万般气象观今日；滕王歌歇，黄鹤踪杳，十面湖山上此楼。

滕子京修楼，范仲淹作记，苏舜钦书丹，邵竦篆刻，古称岳阳楼“四绝”。可惜战乱水火，苏书，邵刻，今已不存。现在岳阳楼一楼、二楼正壁各嵌着一块大型《岳阳楼记》紫檀木雕屏，为楼内主体饰件。二屏皆落张照款识。据说二楼一屏为真品，从款识可知，是乾隆八年（公元 1743 年）六月，张照遵岳州知府黄凝道之嘱所书。

张照（公元 1691—1745 年），字得天，江苏华亭人，康熙时进士，雍正时官至刑部尚书。一代书法大家。人称他的字有欧阳询笔法的劲峭严正，有虞世南字形的婉雅秀逸，并兼具褚遂良体势的疏瘦劲练。

今天看张照写的《岳阳楼记》雕屏，仿佛是欧、米二体的中和，劲健秀雅而中正和平，尤以“宁静”的神韵为今人所不及，确实是难得的书法真品逸品。据传当时连日本、朝鲜、越南的使者，都重价前来求字。康熙称赞说：“羲之之后只一人，除了张照谁能比。”据说岳州知府黄凝道为了恢复“苏书”、“邵刻”这二绝，颇费了一番周折，张照书屏，可以告慰苏、邵二位于九泉。又说张照书屏真迹在光绪年间被知县盗走，岳阳楼上是模仿几可乱真的赝品，而盗走途中，船翻人亡，雕屏沉沦洞庭。后来雕屏被渔民打捞出来，为当地名士购买。现在岳阳楼上二楼的雕屏，为黑底金字；一楼的雕屏，为黑底银字。以示一真一赝。如果不是书法行家，真是很难辨其高下，今天两屏都成为珍贵文物。

三亭托月云

红花还须绿叶扶。“三醉”、“仙梅”、“怀甫”三座辅亭，以其秀美身姿和丰富内涵，为岳阳楼烘云托月，增色不少。

三醉亭在岳阳楼右侧，二层二檐，歇山顶，碧瓦红柱，庄重而华丽。因传说吕洞宾三醉岳阳而得名。光绪《巴陵县志》载，三醉亭始建于乾隆四十年，由巴陵知县熊懋奖承建。初名望仙阁，祀八仙之一的吕洞宾。《列仙全卷》卷六略云：吕岩（公元798年—？）字洞宾，唐蒲州人。两举进士不第，年六十四，游长安酒肆，见云房先生，求度世术。云房十试洞宾，皆心无动。乃携洞宾至（终南）鹤岭，传以上清秘诀。洞宾既得道，始游江淮，试灵剑，除蛟害，隐显变化四百余年，人莫识之。在民间流传的“八仙”故事中，其他几位都有些古灵怪异，惟吕洞宾是一个风流潇洒的道士或剑客形象，多有人间烟火气。《辞海》记载：“他的神话传说，大概最早起于北宋岳州一带。”吕洞宾三醉岳阳的故事，流传既久且广，据传吕洞宾曾经在岳阳楼一连醉饮三日，饮酒作诗，高谈阔论，其诗曰：朝游北越暮苍梧，袖里青蛇胆气粗。三入岳阳人不识，朗吟飞过洞庭湖。现在三醉亭内，有“洞宾醉酒”画像，上题吕洞宾所写的诗句，两边有对联：“对月临风，有声有色；吟诗把酒，无我无人。”亭上四周屏风和天花板上，刻有吕洞宾神话故事，富于传奇色彩。三醉亭在岳阳楼宏伟、刚健、典重的风格之中，

「三醉亭」

渗入了些许旷放飘逸的仙道气息。

仙梅亭，是一座两层、六方、荷叶状的小亭。中间立有仙梅石，记载着仙梅亭的故事。据《巴陵县志》载：明崇祯间，岳阳楼毁，土人于湖滨沙碛中得石一方。石上枯梅一干，别无枝叶，共二十四萼，皆自纹理，不假人为，因构亭复之。明末清初，杨柱朝《仙梅记》亦云，此石“上有画梅一枝，色如绀墨，其枝干隆然而起，望高出于石，宛若人工镂就者；及以手摩之，则润滑如砥，了无痕迹，梅与石无辨。”杨文并对成因作了探究：“窃尝思之，莫顽于石，而梅之隆然以起者，似有精气存乎其中，则顽也而灵矣；莫静于石，而梅之刻画毕肖者，似有笔墨点染而成，则静也有动矣。以一石之微，而动静之机，灵顽之理皆具焉。”从此文来看，石头上的梅花似乎是植物化石，人们无从解释，便“咸仙梅呼之”了。仙梅亭由崇祯时推官陶宗孔所建。后亭毁石失，乾隆年间维修岳阳楼，偶然在民间屋灶下复得，惜已纹理不清，且已缺损，乃摹石一块置于复建之亭中。同治六年（公元 1867 年）何绍基题“留仙亭”匾悬于亭额。光绪六年（公元 1880 年）又恢复“仙梅亭”。现亭为 1977 年按原貌重建，亭旁栽有松竹梅“岁寒三友”，与“仙梅”虚实相映。后人有诗赞曰：“依稀认得耐寒枝，笔底烟霞入眼迷。一度隐沦终又出，余香犹驻岳阳堤。”

「怀甫亭」

怀甫亭，在岳阳楼下洞庭湖边，是 1962 年为纪念杜甫 1250 周年诞辰而新建的。四角方柱，木栏环绕，脊饰精美，藻井彩绘。亭额“怀甫亭”三字为朱德元帅所书。民间传说，岳阳人缅怀诗人杜甫，当年在岳阳楼下湖坡上为杜甫立了石碑，石碑刻上诗人遗容和《登岳阳楼》诗，后来石碑湮没。如今的怀甫亭据说就建在当年的石碑处。亭中竖石碑一方，正面刻杜甫画像及《登岳阳楼》，背面刻诗人生平。怀甫亭正面亭柱上有吴丈蜀先生 1979 年撰写的对联：“舟系洞庭，世上疮痍空有泪；魂归洛水，人间改换已无诗。”

“万顷春声卷浪花，孤舟晚泊天之涯。岳阳楼头无事坐，洞庭水试君山茶。”这是一百多年前的王文治的诗，与一千多年前的杜诗、范记比较起来，已是情趣迥异了。“文变染乎世情”是一回事，文之不同各如其面又是一回事。范仲淹曾经感叹“微斯人，吾谁与归？”汪曾祺先生作过同题的《岳阳楼记》，同样的绝妙好辞。如今汪先生已经作古，有谁再续岳阳楼记呢？

| 峡尽云开　知音黄鹤 |

以江城武汉为中心，两江四岸，三镇雄列，黄鹤楼、晴川阁遥相呼应，形成“对江楼阁相参差”之势，无愧“三楚胜地，千古巨观”之誉。高山流水，知音难觅，毕竟有古琴台这一不朽经典作为历史的见证。溯江而上，昭君台吟明妃曲，秋风亭忆寇莱公。顺江而下，酹江亭上高歌“大江东去，浪淘尽千古风流人物”。

兴山昭君台

昭君故里位于香溪上游、湖北兴山县城西约五公里处的宝坪村，原名烟墩坪，又名王家湾。王昭君，名嫱，晋时因避司马昭讳改称明君或明妃。汉元帝时被选入宫。匈奴呼韩邪单于入朝求和亲，昭君自愿请行，出嫁匈奴，为民族间的亲善和好作出了贡献。

汉书曾记载：汉与匈奴合为一家，世世毋得相诈相攻。昭君村面临香溪水，背靠纱帽山，群峰林立，崖壑含翠，橘林连野，香溪回环。杜甫诗“群山万壑赴荆门，生长明妃尚有村”即指此地。村内有楠木井、梳妆台、望月楼等遗迹。1979 年以来，维修、重建了昭君宅、昭君纪念馆，馆内正中立着一尊高 2.8 米的王昭君汉白玉雕像，她冰清玉洁、倾国倾城、端庄淑静、飘逸秀慧，充分再现了昭君的丰仪和美丽。

在昭君故里有昭君井，又称楠木井。井水清澈碧绿，四季不竭，冬暖夏凉，清甜可口。井台瓷石筑成，中嵌楠木，旁立石碑，上刻“楠木井”三字。相传此井为昭君当年汲水之处。原先水量微少，稍旱即枯。昭君出世后，井水陡增，澄碧清亮，村人纷传昭君出世惊动玉帝，令黄龙搬来龙水所致。后昭君之母忽梦黄龙欲逸，井水将涸，村人即从西蜀秀山采来楠木，嵌入井口，锁住了龙头，而使井水充沛，长年不竭，楠木井因此扬名。井水温度冬季可达 30℃，夏凉如冰，用以冲泡昭君村出产的白鹤茶，清香可口，人称龙泉茶。

「昭君故里」

昭君台，位于昭君故里对面之妃台山，相传是昭君幼年拾柴劳作之处。入宫前她留恋家乡，登山回眺，因以“妃台”名山。昭君入宫后，乡人“筑台而望”。至今犹存台基遗迹。据记载，汉时在此立有昭君祠，巨石砌基，殿宇前后三进，飞阁流丹，古柏苍松掩映山门。大殿内立有昭君彩色塑像，风姿绰约，栩栩如生。唐建有昭君院。宋立有昭君故里碑。明

「昭君像」

永乐十三年（公元 1415 年）曾重修昭君院。清光绪十年（公元 1884 年）秋，在此重立昭君故里碑。可惜这些建筑后来毁于兵燹，仅存遗迹。清人乔守中叹曰："台在人已没，人去台亦渺。野渡无人问，落花风自扫。娥眉数千年，荒烟下萝草。"新中国成立以后，重修了昭君亭、昭君坊和昭君故里碑，建筑风格古朴雄健。昭君亭红楼琉璃瓦，涂彩粉金，斗拱翘檐，双层八角，矗立于郁郁葱葱的妃台山上。大理石匾额上刻"昭君台"三字。亭前立有一对石狮，如两位威武雄壮的把门将军。左下侧平台处立石碑，上刻"乡人念昭君，筑台而望之"，表达家乡父老对"一去紫台连朔漠，独留青冢向黄昏"的王昭君的怀念。登台四望，山峦重叠，云蒸霞蔚，满坡桃李柑橘，拥翠堆金，台前溪水澄澈，宛如青罗玉带飘曳于九曲峡谷之间，清丽俊秀。

据《后汉书·南匈奴传》：

昭君字嫱，南郡人也。初，元帝时，以良家子选入掖庭。时呼韩邪来朝。帝敕以宫女五人赐之。昭君入宫数岁，不得见御，积悲怨，乃请掖庭令求行。呼韩邪临辞大会，帝召五女以示之。昭君丰容靓饰，光明汉宫，顾影徘徊，竦动左右。帝见大惊，意欲留之，而难于失信，遂与匈奴。生二子。及呼韩邪死，其前阏氏子代立，欲妻之。昭君上书求归，成帝敕令从胡俗，遂复为后单于阏氏焉。

据说，昭君出塞，胡汉和亲，以致"三世无犬吠之警，黎庶无干戈之役"。

从这一段正史来看：第一，昭君入宫多年，不见宠信。第二，呼韩邪来朝求亲，昭君自愿请行。第三，昭君艳冠后宫，皇帝惊为天人，而不得失信匈奴，忍痛割爱。第四，呼韩邪死后，其前阏氏子代立，昭君写信请求回归汉室，汉成帝命昭君遵从匈奴的风俗，于是又做了后单于的阏氏。昭君胡汉和亲、促进民族和睦的伟大贡献是显而易见的，而她出塞去国，"千载琵琶作胡语，分明怨恨曲中论"，也是人之常情。至于毛延寿贪图贿赂，使皇帝忽视昭君，野史传说，姑妄听之。唐代大诗人杜甫在《咏怀古迹》中写道：群山万壑赴荆门，生长明妃尚有村。一去紫台连朔漠，独留青冢向黄昏。画图省识春风面，环佩空归月夜魂。千载琵琶作胡语，分明怨恨曲中论。昭君之美，在于既有沉鱼落雁之貌，更具凄楚艾怨之情。而昭君之怨，则是对命运的无奈的怨艾——锁在深宫人不识；向往像寻常女子那样生活，就只能代替皇家骨肉远嫁异邦；思念故土却欲归不能……。

王昭君可能是被历代诗人、画家、作曲家们着笔最多的一位古代女性，究其根源或许正是由于这千载难平的“昭君之怨”吧？当然，在不同的人的心目中，“昭君”是不同的，“历史的昭君”和“文学的昭君”也不是一回事。古往今来，那些怀才不遇、官场失意的人们，则更易沉湎在“昭君之怨”中，找寻自己或深或浅的身影、或浓或淡的幽愁……毋庸讳言，在汉文化中这“怨”字才是“昭君之美”的美学意义的核心与真谛。唐代李白、杜甫、白居易三大诗人都有吟咏王昭君的诗篇。宋代苏轼、苏辙兄弟过昭君村也留下过墨迹：“昭君本楚人，艳色照江水。楚人不敢要，谓是汉妃子。谁知去乡国，万里为胡鬼。”“人言生女作门楣，昭君去时忧色衰。古来人事尽如此，反复纵横安可知。”

最有意思的是宋代王安石、欧阳修两位大诗人，一个对王昭君是一咏再咏，一个则一和再和。王安石《明妃曲》（之一）吟道：

明妃初出汉宫时，泪湿春风鬓脚垂。
低徊顾影无颜色，尚得君王不自持。
归来却怪丹青手，入眼平生几曾有；
意态由来画不成，当时枉杀毛延寿。

王安石还不尽兴，之二又吟道：

汉恩自浅胡恩深，人生乐在相知心。
可怜青冢已芜没，尚有哀弦留至今。

欧阳修与王安石一唱一和：

虽能杀画工，于事竟何益？
耳目所及尚如此，万里安能制夷狄！

这是借昭君之怨，以寄家国之思、社稷之忧，在前人的基础之上，翻出新意，当然不是一己之幽怨和无谓的牢骚。吟咏昭君的诗篇，最好的还是杜甫的诗句：

一去紫台连朔漠，独留青冢向黄昏。

画图省识春风面，环佩空归月夜魂。

这几句为“昭君之怨”画像，沉郁顿挫，温柔敦厚，哀而不伤，怨而不怒，可谓千古情深，千秋不易。

历史留给我们的不仅是昭君之怨，更多的是昭君之美。比如珍珠潭，在昭君故里附近回水沱，香溪至此突然急转南流，河底复有清泉涌出，形成回水深潭。据说昭君应选入京，临别故乡时，曾在此河岸临潭照影．依泉涤妆，将头上颗颗珍珠撒落潭中。从此“珍珠潭”闻名于世。清人乔守中《珍珠潭》诗：“澄澈在中央，潭深夜有光。明妃留胜迹，此地涤新妆。月色三秋白，溪流万古香。”当晴日斜照，金波闪烁，五色缤纷；每投石潭底，则水花飞溅，如串串珍珠；至秋高气爽，月白风清之夜，岚光月影倒映潭中，呈“珠潭秋月”之景。

「香溪源」

在昭君故里，有一条秀丽的香溪河绕村前流过，河水清澈见底。每逢春天，河中游动着半透明、圆圈形的桃花鱼，与沿岸的绿树和水下的五彩石交相辉映。相传昭君出塞前，从京城回家乡探亲，泣别乡亲时，正值桃花盛开之际。她一路弹着琵琶，想到从此永别故土，不禁潸然泪下，串串泪珠与飘落水中的桃花漂聚在一起，化成了美丽的桃花鱼。

琴台话知音

古琴台，原名伯牙台，碎琴台，位于武汉市汉阳龟山西麓、月湖之畔。此地湖山相映，景色秀丽，幽静宜人，文化内涵丰富，构成一个广阔深远的艺术境界。两千多年前的春秋时期，俞伯牙、钟子期“高山流水遇知音”的故事，就发生在这里。

《荀子·劝学篇》有“伯牙鼓琴，而六马仰秣”的记载，并认为其高超的琴艺乃“积学”而成。而据《乐府解题》：伯牙学琴于成连先生，三年不成。后随成连至东海蓬莱山，闻海水澎湃，群岛悲号之声，心有所感，乃援琴而歌，从此琴艺大进。相传《高山流水》琴曲是他的作品，另古琴曲《水仙操》也为伯牙所作。

「琴台知音雕塑」

《列子·汤问》：“伯牙善鼓琴，钟子期善听。伯牙鼓琴，志在高山。钟子期曰：善哉，峨峨兮若泰山。志在流水。曰：善哉，洋洋兮若江河。”相传俞伯牙为楚国大臣，一说俞伯牙为楚人而在晋国做了大夫，有一次他出使楚国，返程时乘舟顺水东下。八月十五中秋之夜行至汉阳江口，突遇狂风巨浪，大雨倾盆，于是停舟暂避。不多久，风平浪静，月挂中天。伯牙顿觉心旷神怡，便焚香抚琴，以遣情怀。突然，琴弦崩断，他心感近处必有人听琴。此时，樵夫钟子期从草莽中走出来，声称自己打柴遇雨，躲避在此。于是，俞伯牙请钟子期上船听琴。

伯牙首先问手中之琴的来历，钟子期将伯牙琴从选材到制作，从五弦而演变为文武七弦的经过一一道来，如数家珍。伯牙进而以琴音相试，他始弹一曲志在高山，子期说：“善哉乎鼓琴！巍巍乎若泰山。”续弹一曲志在流水，子期说：“善哉乎鼓琴！汤汤乎若江河。”伯牙因得遇知音而大喜，说道：相识满天下，知音能几人？忙向钟子期施礼，并欣然与之结为兄弟，相约来年中秋在钟子期家再相聚。

第二年中秋，俞伯牙如期来到汉阳，没想到子期已亡故百日。子期的父亲告诉伯牙，子期死前嘱咐，坟一定要筑在江边，生不能相见，死也要实现诺言，在九泉之下聆听伯牙的琴声。伯牙面对一丘新土，悲痛欲绝，便在坟前抚琴祭奠，重弹《高山流水》曲，寄托无尽的哀思。伯牙弹弹哭哭，哭哭弹弹，围观者不知音律，有的甚至相顾大笑。伯牙见此情景，更为伤心，深知此生此世知音再难觅，举琴向祭石台上摔去，弦断琴碎，伯牙终身不复鼓琴。后人有诗叹曰：“摔

「高山流水」

破瑶琴凤尾寒，子期不再对谁弹。春风满面皆朋友，欲觅知音难上难。”从此人们用“高山流水”象征深厚的友谊，把“知音”作为知心朋友的代称。

俞伯牙作为官员贵族不用说了，钟子期一个民间樵夫，为何有如此高深的音乐造诣呢？据《吕氏春秋》和《左传》的记载，钟子期可能是楚国司乐世家出身的司乐之官钟仪的后人。当时楚国以钟为群乐之首，司乐之官以钟为姓氏，钟子期是否做过司乐之官，史书没记载。而在盛行世官世袭的先秦时代，作为乐尹之后的钟子期，很有可能承袭过世职，或是一位隐居田园的乐尹也未可知。还有记载称钟子期善辨磬音，能从磬音中听出击磬者的心情来。有着这样的家传和自身的修养，钟子期能成为俞伯牙的知音就不足为奇了。

最初，古琴台应是建在子期坟茔、伯牙“摔琴谢知音”之处。相传汉阳马鞍山下不远处水边有碎琴山，为钟子期坟台之所。如今汉水边上有小镇，名叫“琴断口”，是当年伯牙停舟抚琴、子期听琴而琴弦突然断了的渡口。因为此处常发洪水，道路不便，钟子期故居从马鞍山下的钟家庄迁移到如今龟山脚下的钟家村。以后古琴台也随之迁到龟山脚下的月湖之滨。

古琴台始建于何时？有说始建于北宋，而相传南北朝时梁简文帝即作过《登琴台》诗。可见古琴台历史悠久，饱经沧桑。清末黄彭年撰写《重修汉上琴台记》明确指出古琴台出现在月湖边上“始乎万历”。说明在明代万历年间这里就有古琴台。它在清代重修时，规模相当气派。如清人熊宪成在《重修伯牙琴台赋》中描写：其台之选材也，桐柱柏梁；其台之结构也，鸾翔凤舞。其台之壮丽，如华章之巧而精；其台之整饬，如测景之雄而古。兹则红妆满镜珊瑚，绿映一洲鹦鹉，竹院中戛玉披金，锦屏上雕龙画虎。后来汪中在《汉上琴台之铭》中，不仅描绘了建筑的精美，还描绘了四周的环境：层轩累榭，回出云表，上多平旷，林木翳然，水至清浅，鱼藻交映，可以栖迟，可以眺望，可以泳游……桃花流水，秋月春风，都人冶游，曾无旷日。可惜如此一座锦绣楼台，被连年战火摧残，化为瓦砾，令人惋惜。

现在的古琴台是1957年全面重修的，亭台廊馆，巧为装饰，千年古迹，焕然一新。古琴台自成一个幽雅的院落。面对龟山，便是一座绿色琉璃瓦盖顶的门厅，额书“古琴台”三字。厅后有通道约长30米，两旁遍植腊梅、桂花、丁香，与镂空围墙，互相掩映。通道尽头，原是金刚佛堂的遗址，后修建了一座精巧的葡萄架，现改建成一座精致的通廊，设有茶座，组成过渡空间，饶有情趣。由此向北一转，便见左侧照壁一堵，壁上青石碑上镌刻着清道光皇帝御书之“印心石屋”四字。“印心石屋”对角有一圆洞门，门外有一片庭院，卵石铺地，双亭并立，绿树浓荫，梅花护壁。

过“印心石屋”，便是古琴台的精华所在。登上十余步台阶，过一道门楼，门后接“琴台碑廊”，清代著名书法家宋湘的“题壁诗”赫然在目，其书法、文词、镌刻，都系上乘，可谓“一碑三绝”。宋湘诗曰：

噫嘻乎，伯牙之琴何以忽在高山之高，忽在流水之深？不传此曲愁人心！噫嘻乎，子期知音何以知在高山之高，知在流水之深？古无文字直至今。是耶非耶？相逢在此，万古高山，千秋流水，壁上题诗，吾去矣！

宋湘是广东梅县人，曾任湖北督粮道台，在他七十八岁时，来游琴台，感慨万千，兴之所至，欲挥毫题诗。因当时随员未备大笔，即束竹叶代之。饱蘸浓墨，在壁上洋洋洒洒，如走龙蛇，写下了这首流传至今的题壁诗。其诗意潇洒，笔墨有致，后人摹刻在石上，保存下来，成为书法珍品。相传曾有仰慕者携食来赏，三日不去。

碑廊中还有《琴台记》、《重修汉上琴台记》和《汉上琴台之铭》等石刻，都是研究古琴台的宝贵资料。与碑廊形成对景的西端，有一座在古沧浪亭遗址上重建的六角亭，是饱览月湖水景之佳处。在碑廊与六角亭之间，矗立着一栋单檐歇山顶，四面通廊，外加抱厦的殿堂，为琴台主体殿堂，形制宏奇，富丽堂皇，孤立于平台之上，月湖外抱，有飘逸欲飞之势。匾额上“高山流水”四字，龙飞凤舞，系集宋湘题壁诗摹刻。在“高山流水”大厅前侧，用汉白玉砌成之石台，传为伯牙抚琴遗址。石台四周围以石栏，栏板上刻有“伯牙摔琴谢知音”的故事。石台中央立有方碑一座，一面刻有“琴台”二字，另一面刻有1957年《重修琴台记》，其中略称：极阁危楼，金碧辉映；名花异草，红紫纷呈。览明月于山间，良宵共乐；听歌声于湖畔，假日同游。后又于院内建“伯牙会知音”雕塑一座，予以画龙点睛。

「琴台碑刻」

伯牙所奏“高山流水”，为中国十大古曲之一，相传原先只有一曲，唐朝时已分为两曲。不仅在历史的长河中传诵至今，而且早已流传至海外，据说《高山流水》古曲，作为地球文化的代表之一，被载上宇宙探测卫星，飞向宇宙的深处，在亘古茫茫中寻觅人类的知音。

晴川自有阁

晴川阁坐落在武汉市汉阳龟山东麓禹功矶上，北临汉水，东濒长江，与雄踞武昌黄鹄矶上的黄鹤楼夹江相望，“对江楼阁相参差”，大江南北，楼阁对举，如此格局，在长江流域独一无二。晴川阁整个占地约 1 万平方米，平面呈三角形，由晴川阁、禹稷行宫、铁门关三大主体建筑和禹碑亭、朝宗亭、楚波亭、荆楚雄风碑、敦本堂碑以及牌楼、临江驳岸、曲径回廊等十几处附属建筑组成。

晴川阁，又名晴川楼。明代嘉靖年间，汉阳知府范之箴修葺禹稷行宫（禹稷行宫是南宋年间为勒记大禹治水之功德而修建的，初名大禹庙），因提议增建晴川阁，其名取自唐朝大诗人崔颢的“晴川历历汉阳树”诗句之意。

该阁自创建以来，几经兴废，从嘉靖至今的 400 多年中，先后进行过 5 次大的维修增建，2 次重建。现存建筑是 1983 年依据清末晴川阁的历史照片及遗址范围进行复建的。复建后的晴川阁高 17.5 米，重檐歇山顶式，麻石台基，红墙朱柱，钢筋混凝土仿木结构。整个楼阁分上下两层，沿檐回廊，原汁原味地再现了楚人依山就势筑台、台上建楼阁的雄奇风貌。晴川阁的历史虽然没有黄鹤楼、岳阳楼那样悠久，但由于其所居独特的地理环境、

「晴川阁」

独具一格的优美造型以及诸多文人名士的赞咏，使它赢得了重要的历史地位。

晴川阁的诞生，直接是因为崔颢“晴川历历汉阳树，芳草萋萋鹦鹉洲”的诗句。崔颢一首《黄鹤楼》诗，不仅令黄鹤楼名满天下，而且催生了晴川阁的享誉古今，崔颢之诗，影响大矣。

明代著名文学家袁宏道将晴川阁与岳阳楼、黄鹤楼、仲宣楼并列为“楚四名楼”。认为“晴川阁与黄鹤楼分岸立，尽会城之山川林薮，朱门绣陌，若为之设色者，亦奇观也。”

孔尚任有《登晴川阁》诗曰：重重烟树客愁埋，身到危栏倦眼开。江上大苏歌雪浪，窗中小李画丹台。雄城山势趋吴去，闹市人声过汉来。独叹浮生无鹤翅，腊残还对楚江梅。袁宏道还有《登晴川阁望武昌》七律一首：霜崖突出藓纹玟，铁笛临风去不还。百里帆樯千里水，一层城廓几层山。遥知郁郁葱葱地，只在熙熙攘攘间。沙鸟窥鱼鸥觅渚，试看何物是清闲。清代诗人陶澍的《登大别山》也是吟咏晴川阁的好诗：凌空眼界豁苍茫，高阁晴川俯汉阳。九派江声吞北渚，两条山势锁南荒。洲边有路交鹦鹉，城上何年集凤凰。独倚危栏望秋色，暮云无际下潇湘。

明末画家仇英，用传神之笔为我们留下了当时晴川阁的图画：它以黄鹤楼为背景，以晴川阁为中心，倚龟山高耸，俯大江横流，禹功矶兀立江边，九派波涛，千帆林立，山石嶙峋，绿树掩映，映衬两重楼阁，托出“晴川高阁百层开”的雄奇景色。清代史学家刘宪庭在《广阳杂记》中写道：

自铁门关西上为龟山，首有楼巍然曰晴川，与黄鹤对峙。楼临江向东，轩豁开爽，远胜黄鹤。盖龟山之首，走江中数百步，而大江横其下，左右无遮蔽，与市廛稍远。纵目所之，山水之情与精神融合，不如黄鹤之散漫无章。可谓后来居上矣。

自明至清，晴川阁屡毁屡建。康熙年间，江苏武进人毛会建客居汉阳，他出资为晴川阁补栽树木花草，“殷勤杂榆柳，与柏相婆娑”，又不辞艰辛从南岳衡山摹刻神禹碑，置于晴川阁内，丰富了晴川阁的内涵，提升了文化价值。光绪年间晴川阁增修竣工，湖广总督张之洞特为撰写一联：“洪水龙蛇循轨道；青春鹦鹉起楼台。”因为晴川阁与禹稷行宫实为一体，所以上联述大禹治水之功；下联赋晴川楼台之美。短短十四字，精当典雅，气势恢宏，文采飞扬，不愧为大手笔。有人说“循轨道”系指当时晴川阁北侧新建汉阳铁厂运输专用的轻便铁路，张之洞对联赋予了新的时代气息，也有追慕大禹之功的含义在。可备一说。

晴川阁 1986 年复修后，张舜徽先生曾为之作记：余久居武昌，讲学著书之暇，常登临斯楼斯阁，以揽江山之胜，观鱼跃鸢飞，悠然意远，盘桓移时不忍去，而重有感焉。《学记》曰：“藏焉，修焉，息焉，游焉。”藏修者，谓藏身本业之内，修其职事，不敢怠惰也；息游者，谓休息于工作之余，出游于外，以舒其疲惫也。昔人之论劳逸，重视二者之结合，至于如此，意固有在矣。况人旦夕蛰伏斗室，接于目而虑于心者，惟父母妻孥与米盐琐屑耳。偶有抵牾，易生忿懑，抑郁日久，因以沮其壮志，挫其盛气，以致早败者，何可胜数。必常置身高明之域，然后心与目不蔽于浅近，有以发吾胸中闳阔俊迈之趣。所居弥峻，所涵弥远，由是变化气质，开展胸怀，大有益于成事立业，此人之所以贵登临也。岂第流览景物、征逐戏乐而已哉！

「晴川阁“荆楚雄风”碑刻」

这可算当今楼台赋记中难能可贵的好文章。

晴川阁内的禹稷行宫（禹王宫），是武汉地区现存不多的具有代表性的清代木构建筑。起初由司农少卿张体仁于南宋绍兴年间创建，后成为武汉历代祭祀大禹之地。元大德八年（公元 1304 年）重修。明天启年间改大禹庙为“禹稷行宫”，在原祭祀大禹的基础上，又加祀后稷、伯益、八元、八恺等先贤。现存建筑为清同治二年（公元 1863 年）重建，1984 年按“保持现状，恢复原状”的原则进行修缮。

在晴川阁与龟山之间，横跨一座门楼，是重建的古迹铁门关。铁门关始建于三国时期，“吴魏相争，设关于此”。从三国时期到唐初的数百年间，铁门关一直是武汉重要的军事要塞，曾历经多次攻守激战。唐武德四年（公元 621 年），汉阳建砖城后，铁门关军事作用日渐削弱，成为文化、经贸交流的一条重要通道。明代末年，铁门关被毁，仅剩土基墙座，清初在残存的土基上建关帝庙，民国初年因战乱，铁门关遗迹连同庙宇一起成为废墟。1990年铁门关复建。另有楚波亭、朝宗亭、禹碑、“荆楚雄风”碑等，点缀得晴川阁文风浓郁，古意盎然。

东坡酹江亭

酹江亭，是东坡赤壁之楼台亭阁的代表。出黄州古城汉川门，北面一山陡峭如壁，因山石颜色赤红，故名“赤壁”。早在晋代至北宋初，这里就建起了涵晕楼、栖霞楼、月波楼和竹楼等建筑。北宋元丰三年（公元1080年），苏轼因“乌台诗案”贬来黄州，在此地写下流传千古的《念奴娇·赤壁怀古》和前、后《赤壁赋》。后人因此将赤壁和苏东坡的名字联在一起，名曰东坡赤壁。又称“文赤壁”，与三国古战场的蒲圻“武赤壁”以示区别。

「酹江亭」

东坡赤壁，占地面积四百余亩，主要建筑有九亭、三楼、三阁、三堂、一像。步入飞檐斗拱的赤壁正门乾坤阁，沿青砖小路直上八卦桥，经锁春台，绕过花苑和蜂腰桥，至泛舟池，这里是当年苏轼泛舟作赋，酹江邀月之地。池岸断壁上，昔日江水冲刷的遗迹仍依稀可辨。池东空地上耸立着一尊苏轼的全身立像，面对大江长天，衣髯飘逸，凝神伫立。转过苏轼像，迎石壁拾阶而上，便是二赋堂。该堂始建于清代，匾额系李鸿章所题。堂中央一巨型屏壁顶梁而立，屏壁前后分别刻有前、后《赤壁赋》，字大如拳。前为楷书，豪迈俊逸，为清代黄州教谕程之祯所书；后为魏碑，古朴苍劲，是近代书法家李开先书写。堂前右壁刻有徐世昌所撰对联：“古今往事千帆去，风月秋怀一笛知”。

酹江亭位于二赋堂西南十余步，面江临壁而建，是赤壁向南最为显眼的建筑物，此亭为清代同治七年（公元1868年）重修。亭内北墙嵌有清康熙皇帝于公元1679年临元代大书法家赵孟頫手书《前赤壁赋》书帖的石刻巨碑。碑刻上方有篆体“御书”二字，四周为龙纹图案。同治七年（公元 1868 年）重修时名“御书亭”。1920 年改为“酹江亭”，取苏东坡《念奴娇·赤壁怀古》词中“一樽还酹江月”句。亭下为赤红色岩石，古时江水从此经过，崖石还留有水流冲击及船夫撑篙的篙点痕迹。亭中墙壁嵌有清人的多块碑刻。其中一笔大“寿”字碑很受游人临摹。“酹江亭”匾额上三字为张爱萍将军题写。亭西侧并立着坡仙亭，内有苏轼亲笔草书的《念奴娇·赤壁怀古》词和《满庭芳·归去来兮》词，及其手绘的月梅图、寿星画像，并有清黄州知府郭凤仪速写的《东坡老梅》等石刻。坡仙亭西下十余步为睡仙亭，相传当年苏轼同友人游赤壁时，曾醉卧于此，亭内石床石枕尚在。

睡仙亭西下数十步，至赤鼻矶西端，有“放龟池”。据晋书载， 时有一军人买白龟放生于此，后遇难恰被所放之白龟搭救。后人在此凿一白石巨龟，至今仍昂首蹲伏于亭下泛舟池中。二赋堂东边留仙阁，阁内有《东坡笠屐图》石刻和苏轼为其乳母任采莲撰写的墓碑，还有近代名人绘画的《赤壁泛舟图》及清末杨守敬书《留仙阁记》石刻。留仙阁东十来步是碑阁，内嵌苏轼手书 108 块石刻，杨葆初集成《景苏园帖》，被称为稀世珍宝。出二赋堂后门，在留仙阁、碑阁背后陡峭的北崖下，由西向东，由低到高，依次有剪刀峰、问鹤亭和栖霞楼。

由茅盾题写匾名的栖霞楼位于赤壁矶最高处，楼高四层，飞檐翘角，赤楹碧瓦，白石栏杆，楼间嵌有苏轼手书《黄州寒食诗》帖，与《兰亭序》、《祭侄稿》并列天下三大行书。

赤壁还建有雪堂、怡然斋、快哉亭、羽化亭、揽胜亭、望江亭等。大多取苏东坡诗词文赋之义而建。

李白诗曰：“二龙争战决雌雄，赤壁楼船扫地空。烈火张天照云海，周瑜于此破曹公。”据《资治通鉴》记载，东汉建安十三年（公元 208 年）冬，曹操亲率数十万大军进攻东吴。孙权在诸葛亮的说服下，与刘备联合抗曹。孙刘联军利用曹军不善水战之短，利用火攻大破曹军。其时，“火烈风猛，船往如箭，烧尽北船，延及岸上营落。顷之，烟焰张天，人马溺死者甚众。”这次战役，孙刘联军以少胜多，智取强敌，为魏、蜀、吴三国鼎立局面的形成，起到了决定性的作用。唐代诗人杜牧也有《赤壁》怀古诗：

折戟沉沙铁未销，自将磨洗认前朝。

东风不与周朗便，铜雀春深锁二乔。

这首绝句，是否把黄州城外赤鼻矶视为古战场而写的，不得而知。北宋苏轼被贬到黄州任团练副使时，因黄州赤鼻矶岩壁垂直，一片红色，宛若烈火烧过一样，以为三国赤壁，在这里写下了传诵千古的前、后《赤壁赋》和《赤壁怀古》词。词中写道：“故垒西边，人道是、三国周郎赤壁。”其实，苏轼这里是留有余地的，所谓“人道是”，听人这样说而已，未必真是，姑妄听之。

「赤壁赤鼻矶」

赤鼻矶，位于赤壁山西端的前沿部位，它由赤壁山麓向西突出近百米长，数十米宽，状如赤壁山的鼻梁，岩壁通体赭赤，直插江底，形成矶头，故名赤鼻矶。当地人传说赤壁古战场在此，于是苏轼创作了《念奴娇·赤壁怀古》。苏轼给他的朋友范子丰的书信中说：“黄州少西，山麓斗入江中，石室如丹，传云曹公所败所谓赤壁者。或曰非也。”可知，苏轼的“赤壁”怀古词乃取当地人传说，并无历史依据。诗词文章，不是科学报告，传说附会，有何不可，后人以讹传讹，怪不得苏轼，不过多了一桩笔墨官司而已。

赤壁古战场究在何处，现在基本可以确定，在湖北省蒲圻县西北。《元和郡县图志》称：赤壁山在蒲圻县西一百二十里，北临大江，其北岸即乌林，即周瑜用黄盖策，焚曹公舟船败走处。《元和郡县图志》的作者李吉甫生活的年代与赤壁之战的年代较接近，而更早些时候的《荆州记》有与《元和郡县图志》相近的记载。赤壁矶临江悬崖上，有石刻“赤壁”二字各长150厘米、宽104厘米，相传是周瑜破曹后，乘兴挥剑在石上刻下。但据字体考证，当是唐人所书。南宋诗人谢叠山在他的“赤壁诗”序中说：予从江夏溯洞庭，舟过蒲圻，见石上有‘赤壁’二字。其北岸曰乌林，至今土人耕地，得箭镞长余尺，或得断枪折戟，其为周瑜破曹操兵处无疑。20 世纪 70 年代以来，蒲圻赤壁及对岸的乌林，陆续有东汉、三国时期器物被发掘出来，可以证实，这里是真正的三国周郎赤壁。

“大江东去，浪淘尽千古风流人物。”赤壁分文武，英雄无古今，武赤壁与文赤壁，各擅胜场，交相辉映。赤壁矶头忆公瑾，酹江亭上唱东坡。

黄鹤复归来

毛泽东《菩萨蛮·黄鹤楼》词曰：“茫茫九派流中国，沉沉一线穿南北。烟雨莽苍苍，龟蛇锁大江。”

词里的“中国”、“南北”，应该都是方位词，“流中国”者，指万里长江横贯我国中部；“沉沉一线”，大概指京广线穿越我国南北吧。两句诗以壮阔的形象准确点出了武汉居华中也是国之中的位置。

在湖北武汉，长江南岸的武昌，蛇山“中峰倚红日”之处，耸立着金碧辉煌、壮丽宏伟的黄鹤楼。黄鹤楼与湖南岳阳楼、江西滕王阁并称“江南三大名楼”。登楼极目，天高地迥，南连衡岳，北倚京华，巴蜀西来爽气，东去浪下吴越。黄鹤楼有“天下江山第一楼”之美誉。千古名楼，屡遭兴废，黄鹤复归，是在 1985 年，距离光绪十年（公元 1884 年）黄鹤楼焚毁，已经一百年了，至今黄鹤浴火重生。

（一）何以名黄鹤

江南三大名楼，岳阳楼以城为名，滕王阁以人为名，黄鹤楼之名最为神秘。玄远，飘渺，神秘，从黄鹤之名开始，从崔颢《黄鹤楼》诗、阎伯理《黄鹤楼记》开始，为黄鹤楼的精神气质和文化蕴涵定下了基调。黄鹤之名如此神秘，必也正名乎？首先需要把黄鹤楼的名字弄清楚。

黄鹤楼的来历有二：一是以地为名。二是以仙为名。《元和郡县志》记载：“吴黄武二年（公元 223 年）城江夏山以安屯戍，其城西临大江，西南角因矶为楼，故名黄鹤楼。”盖最初当为守军瞭望楼，因建在黄鹄矶上，原名似应为“黄鹄楼”，后来音转为黄鹤楼。这就是“孙权筑城”、黄鹤楼初为守军“瞭望楼”的传说。南北朝时期宋大明六年（公元462年）鲍照作《登黄鹄矶》诗。此为迄今所见最早咏诵黄鹄矶的诗。

「黄鹤楼」

自古以来，黄鹤实在少见，鸿鹄、白鹤多有。鸿指大雁，鹄指天鹅，鸿鹄是古人对大雁、天鹅之类飞行极为高远的鸟类的通称。又名鹄、鸿、鹤、白鸿鹤等。在汉族的神话传说中，鸿鹄则是白色的凤凰。凤凰共有五类，分别是赤色的朱雀、青色的青鸾、黄色的鹓鸰、白色的鸿鹄、紫色的鸑鷟。在古时发音中，鸿与黄的发音，鹄与鹤的发音，很容易混淆。故而鸿鹄也常被误读成黄鹄、黄鹤等。至今江汉一带黄鹤的“鹤”仍然读作“豁”。古时的所谓黄鹄矶很可能是鸿鹄矶，鸿鹄矶上的楼则为鸿鹄楼，后来鸿黄相混，鹄鹤不分，音变流转，口耳相传，鸿鹄矶一变为黄鹄矶，黄鹄楼再变为黄鹤楼。虽然也是因地名楼，却有许多的曲折演变。

以仙为名的历史脉络，大致如下：

魏晋南北朝时期，盛行神仙之说，有关黄鹤楼的仙话也在专谈“怪力乱神”志怪小说发展的背景下形成。跨鹤之仙的传说，最早出现在南朝科学家祖冲之的笔下。他的《述异记》中的“驾鹤之宾”，后被鲁迅辑录在《古小说钩沉》里：荀瑰，字叔伟，事母孝，好属文及道术，潜栖却粒。尝东游，憩江夏黄鹤楼上。望西南有物，飘然降自霄汉，俄顷已至，乃驾鹤之宾也。鹤止户侧，仙者就席，羽衣虹裳，宾主欢对。已而辞去，跨鹤腾空，渺然烟灭。

稍后，南朝梁代《南齐书·州郡下》里说：“夏口城据黄鹄矶，世传仙人子安乘黄鹤过此上也。”使仙人有了子安的名字。后有人穿凿说子安姓王，又有人辩解，仙人姓窦，并言窦子安是江夏人，性灵异，在他去世入葬后，一只黄鹤飞来停在他家门前的大树上，频频呼喊“窦子安”的姓名，窦子安跨着鹤在屋顶盘旋几圈后向西飘然而去。

唐宋时期，人们渐渐把神话传说附会到历史人物身上。唐时，阎伯理在《黄鹤楼记》中转述《图经》的记载及宋代的《太平寰宇记》，都说是三国时期的蜀汉大臣费祎登仙，驾黄鹤在此憩息，因以为名。阎伯理《黄鹤楼记》写道：州城西南隅，有黄鹤楼者，《图经》云："费祎登仙，尝驾黄鹤返憩于此，遂以名楼。"事列《神仙》之传，迹存《述异》之志。观其耸构巍峨，高标巃嵸，上倚河汉，下临江流；重檐翼馆，四闼霞敞；坐窥井邑，俯拍云烟：亦荆吴形胜之最也。何必濑乡九柱、东阳八咏，乃可赏观时物、会集灵仙者哉。

《太平寰宇记》载："黄鹤楼，在县西二百八十步，昔费祎登仙，每乘黄鹤于此憩驾，故号为黄鹤楼。"费祎，字文伟；《述异记》中的荀瓌，字叔伟。名字音相近，二者都是江夏人，这大概是后人将他们混淆起来的原因吧！

唐宋之后，人们把此事扯到了八仙之一的吕洞宾身上。据清初褚人获《坚瓠集》记载：相传唐时吕纯阳尝客兹地。倦寓酒家，日饮数壶，累至数百。不偿值，复索饮。主人供给无倦色。纯阳喜之。适啖西瓜，遂以瓜皮画一鹤于壁上。始色瓜皮青，久之变黄，遂为黄鹤。纯阳又教酒家童子唱道词，自敲板为节。已而唱时，鹤辄从壁间飞下，婆娑翔舞。观玩饮酒者，日数千人。凡阅数月，酒家得钱数百万，骤富。以钱酬纯阳，纯阳不受。遂构此楼志感，故名黄鹤楼。

《江夏县志》所引《报应录》有类似的说法：从前有位姓辛的人卖酒为业。有一天，来了一位身材魁伟而衣着褴褛的人，从容地问辛氏："可以给我一杯酒喝吗？"辛氏不敢有所怠慢，盛大杯酒奉上。如此半年，客人喝酒，不付酒钱，辛氏奉酒如故。这天客人对辛氏说："我欠了你很多酒钱，没有办法还你。"于是从篮中拿出橘皮，画鹤在墙上，橘皮是黄色，所画鹤也呈黄色。座中客人拍手歌唱，墙上黄鹤便会随着歌声，合着节拍，翩然起舞。来观玩鹤舞饮酒的人，络绎不绝。如此过了十年多，辛氏累积了很多财富。有一天那客人又来到酒店，辛氏上前致谢说，我愿意供养您，满足您的一切需求。客人笑着回答说：我哪里是为了这个而来呢？接着便取出笛子吹了几首曲子，没多久，只见朵朵白云自空而下，墙上的黄鹤随着白云飞到客人面前，客人跨上鹤背，乘着白云飞去了。辛氏感念这位客人，便在黄鹄矶上修建了一座楼阁。起初人称“辛氏楼”。后来称为“黄鹤楼”。

（二）三楚萃一楼

明代唐枢，在比较岳阳楼和黄鹤楼时说：“岳阳楼胜景，黄鹤楼胜制。”这是说，岳阳楼滨临洞庭，衔远山，吞长江，气概雄阔，以“景”胜。黄鹤楼雄踞蛇山，龟蛇连锁，扼长江，控汉水，因势造形，据地制险，以“制”胜。冲决巴山群峰，接纳潇湘云水，浩荡长江在三楚腹地与其最长支流汉水交汇，造就了武汉两江交汇、三镇互峙的雄姿。这里地处江汉平原东缘，鄂东南丘陵余脉起伏于平野湖沼之间，龟蛇两山相望，江上百舸争流。黄鹤楼天造地设于斯，正所谓“临江吞汉，三楚一楼”。

「揽虹亭」

黄鹤楼原址在武昌蛇山黄鹄矶头，相传孙权为实现“以武治国而昌”（“武昌”的名称由来于此），筑城为守，建楼以瞭望。至唐代，其军事性质逐渐演变为登临胜景，历代文人墨客到此游览，留下不少脍炙人口的诗篇。至唐永泰元年（公元765年）黄鹤楼已具规模，不少江夏仕宦名流“游必于是，宴必于是”。然而兵火频繁，黄鹤楼屡建屡废。仅明清两代，黄鹤楼即七次被毁，十次重建重修。最近一座建于同治七年（公元1868年），毁于光绪十年（公元1884年）。现在遗址上只剩下清代黄鹤楼毁灭后遗留的一个铜铸楼顶。此后近百年未曾重修。1957年建武汉长江大桥武昌引桥时，占用了黄鹤楼旧址。如今重建后迁移到距旧址约1千米左右的蛇山峰岭上。1981年10月，黄鹤楼重修工程破土开工，1985年6月落成，主楼以清同治楼为蓝本，但更高大雄伟。运用现代建筑技术施工，钢筋混凝土框架仿木结构。黄鹤楼的平面设计为四边套八边形，谓之“四面八方”、“四望如一”，这些数字透露出古建筑文化中数目的象征和伦理表意功能。从楼的纵向看，各层排檐，势如黄鹤，展翅欲飞。整座楼雄浑之中不失精巧，富于韵味和美感。飞檐5层（内暗含9层），攒尖楼顶，金色琉璃瓦屋面，通高51.4米，底层边宽30米，顶层边宽18米，全楼各层布置有大型壁画、楹联、文物等。楼外铸铜黄鹤造型、胜象宝塔、牌坊、轩廊、亭阁等一批辅助建筑，将主楼烘托得更加壮丽。登楼远眺，三镇风光收眼底，不尽长江滚滚来。

黄鹤楼主楼东南西北四面，各悬大幅匾额一块，正面是舒同先生所书“黄鹤楼”三个贴金大字匾额，长5.5米，宽2.7米，临江高悬，数里可辨。东面的“楚天极目”，南面的“南维高拱”，北面的“北斗平临”，一样大小，均出自名家手笔。楼面全体黄色琉璃瓦覆盖，楼前配以坊厅轩廊，更彰显主楼的庄严富丽与气势磅礴。

一楼是一间高达10米的华丽大厅，四方入口的楣匾分别是“气吞云梦”、“帘卷乾坤”、“势连衡岳”、“云横九派”。大厅正面上方是“白云黄鹤”巨型陶瓷壁画。画中仙人跨鹤乘风，意态飘逸，口吹玉笛，俯视人间，似将离去，似将归来。下方绘清代黄鹤楼，楼下人头攒动，有人送别，有人接风。衬以白云缭绕，江水滔滔，天上人间，相互呼应。壁画前方高大的立柱上有著名的楹联：

爽气西来，云雾扫开天地憾；
大江东去，波涛洗尽古今愁。

二楼大厅正面墙上，有用大理石镌刻的唐代阎伯理撰写的《黄鹤楼记》。此文不足三百字，却有掌故，有景物，有史实，有议论，也有感慨。其“上倚河汉，下临江流；重檐翼馆，四闼霞敞；坐窥井邑，俯拍云烟：亦荆吴形胜之最也。”如此精彩的描述，即用于今天的黄鹤楼也是合适的。不失为一篇典雅简约、情辞并茂的好文章。楼记两侧为两幅壁画，一幅是“孙权筑城”，形象地说明黄鹤楼和武昌城联袂而生的历史；另一幅是“周瑜设宴”，表现三国风流人物在黄鹤楼上风云际会的情景。

三楼以“人文荟萃，千古风流”为主题。在大幅壁画上，再现崔颢、李白、白居易、范成大、陆游等唐宋著名诗人的形象，每位画像的身侧，又摘录他们吟咏黄鹤楼的名句于其上，图文并茂，如见其人，如闻其声。

四楼大厅用屏风分割几个小厅，内置当代名人字画，陈文房四宝，供有雅兴的游客吟诗挥毫。五楼顶层是黄鹤楼凭栏远眺最佳之处。大厅内有《长江万里图》等长卷、壁画。正中立柱上留有清代黄鹤楼楹联：

一楼萃三楚精神，云鹤俱空横笛在；

二水汇百川支派，古今无尽大江流。

（三）崔诗在上头

“天下好山水，必有楼台收。山水与楼台，又须文字留。”黄鹤楼濒临万里长江，雄踞蛇山之巅，挺拔独秀，辉煌瑰丽，很自然成为名传四海的游览胜地。历代名士王维、崔颢、李白、白居易、贾岛、陆游、杨慎、张居正等，都先后到这里吟诗作赋。至今发现最早的诗词，是南北朝时期鲍照的《登黄鹄矶》：木落江渡寒，雁还风送秋。临流断商弦，瞰洲悲棹讴。三崖隐丹磴，九派引沧流。泪竹感湘别，弄珠怀汉游。岂伊药饵泰，得夺旅人忧。此诗凝练含蓄，意境深远，羁旅悲秋，可惜声名不著。

唐代王维有《送康太守 》：城下沧江水，江边黄鹤楼。朱栏将粉堞，江水映悠悠。铙吹发夏口，使君居上头。郭门隐枫岸，侯吏趋芦洲。何异临川郡，还劳康乐侯 。同样是黄鹤楼送别，王维此诗比李白的《黄鹤楼送孟浩然之广陵》如何：

「白云阁」

故人西辞黄鹤楼，烟花三月下扬州。

孤帆远影碧空尽，唯见长江天际流。

此诗意象空阔，清流爽利，深情婉转，与他的《赠汪伦》诗的天真质朴、不假思索有异曲同工之妙，在李白七绝中，大约只有“峨眉山月半轮秋”、“朝辞白帝彩云间”可与比美。

李白“一忝青云客，三登黄鹤楼” ，他对黄鹤楼情有独钟，其《与史郎中钦听黄鹤楼上吹笛》有云：

一为迁客去长沙，西望长安不见家。

黄鹤楼中吹玉笛，江城五月落梅花。

五月会有梅花飘落吗？题目是“听黄鹤楼上吹笛” ，“落梅花”当是由古笛曲《梅花落》点化而来。以耳边之音，眼前之景，寄托长安不见之愁，迁客沦落之忧，而腾挪翻转，不着痕迹，何其自然，大家手笔，举重若轻。“江城”、“吹玉笛”、“落梅花”遂与崔颢的“白云”、“黄鹤”、“晴川”一样，成为武昌、汉阳、黄鹤楼、晴川阁代称之名典。

毫无疑问，赋予黄鹤楼以精神生命，使之万古不朽者，是崔颢的《黄鹤楼》诗，好诗不厌百回读：

昔人已乘黄鹤去，此地空余黄鹤楼。
黄鹤一去不复返，白云千载空悠悠。
晴川历历汉阳树，芳草萋萋鹦鹉洲。
日暮乡关何处是，烟波江上使人愁。

所谓“神来之笔”、“不可无一，不可有二”，就是指这一类诗。自《唐才子传》记载“李白登黄鹤楼本欲赋诗，见崔颢诗作，遂为之搁笔”之后，累世对于崔诗的好评就好到无以复加。有些好诗可以学得到，崔诗是属于不可学也学不到的，这也是为何古往今来黄鹤楼诗赋无数，却是除了李白之外，其他人无不被崔诗光芒所掩的一个原因。严羽推崔诗为“唐人七律第一”，这很难说，因为也有人说杜甫《登高》为七律第一；如果说，崔诗为黄鹤楼诗之第一，这没有问题。即以“登楼诗”而论，谁能说王之涣《登鹳雀楼》，杜甫《登岳阳楼》，会在崔颢《黄鹤楼》诗之下呢？俞陛云说：“崔诗飘然不群，若仙人行空，趾不履地，其佳处在格高而意超也。”《唐诗别裁》以为，崔诗意得象先，神行语外，纵笔写去，遂擅千古之奇。赵熙说：此诗万难嗣响，其妙则殷璠所谓“神来，气来，情来”者也。也是认为崔诗有如神遇，后来者万难接续的。

《贯华堂选批唐才子诗》说得好：此诗正以浩浩大笔，连写三“黄鹤”字为奇耳……四之忽陪“白云”，正妙于有意无意，有谓无谓。通解细寻，他何曾是作诗，是直上直下放眼恣看，看见道理却是如此，于是立起身，提笔濡墨，前向楼头白粉壁上，恣意大书一行。既已书毕，亦便自看，并不解其好之与否。单只觉得修已不须修，补已不须补，添已不可添，减已不可减，于是满心满意，即便留却去休回，实不料后来有人看见，已更不能跳出其笼罩也。且后人之不能跳出，亦只是修补添减俱用不着，于是便拂袖离去，非谓其有字法、句法、章法，都被占尽，遂更不能争夺也。（后四句）又妙于更不牵连上文，只一意凭高望远，别吐自家怀抱，任凭后来读者自作如何会通，真为大家规摹也。五六只是翻跌“乡关何处是”五字，言此处历历是树，此处萋萋是洲，独有目断乡关，却是不知何处。他只于句上横安得“日暮”二字，便令前解四句二十八字，字字一齐摇动入来，此为绝奇之笔也。

以上各家对于崔诗的理解与评价皆有妙悟。而《诗境浅说》探究崔诗何以好则另辟蹊径：

此诗向推绝唱，而未言其故，读者欲索其佳处而无从。评此诗者，谓其“意得象先，神行语外”，崔诗诚足当之，然读者仍未喻其妙也。余谓其佳处有二：七律能一气旋转者，五律已难，七律尤难，大历以后，能手无多。崔诗飘然不群，若仙人行空，趾不履地，足以抗衡李、杜，其佳处在格高而意超也。黄鹤楼与岳阳楼并踞江湖之胜，杜少陵、孟襄阳登岳阳楼诗，皆就江湖壮阔发押。黄鹤楼当江汉之交，水天浩荡，登临者每易从此着想，设崔亦专咏江景，未必能出杜、孟范围，而崔独从“黄鹤楼”三字着想。首二句点明题字，言鹤去楼空，乍观之，若平直铺叙，其意若谓仙人跨鹤，事属虚无，不欲质言之。故三句紧接黄鹤已去，本无重来之望，犹《长恨歌》言入地升天、茫茫不见也。楼以仙得名，仙去楼空，余者唯天际白云，悠悠千载耳。谓其望云思仙固可，谓其因仙不可知，而对此苍茫，百端交集，尤觉有无穷之感，不仅切定“黄鹤楼”三字着笔，其佳处在托想之空灵、寄情之高远也。通篇以虚处既已说尽，五六句自当实写楼中所见，而以恋阙怀乡之意总结全篇。犹岳阳楼二诗，前半首皆实写，后半首皆虚写，虚实相生，五七言同此律法也。

“眼前有景道不得，崔颢题诗在上头。”这两句虽是后人附会之说，但至少可以表明三点：第一，崔颢《黄鹤楼》诗确实好到无以复加，如有神助。第二，李白一而再、再而三吟咏黄鹤楼，不能说没有受到崔诗的刺激。第三，有崔诗之高标在前，李白组诗之高妙在后，而使崔颢诗名益著，也使黄鹤楼盛名益大。

（四）此地仰先贤

黄鹤楼有无数的传奇典故。如南楼、北榭、白云阁、涌月台，无一处无来历无故事，以至一诗一赋或一个传说，无不留下先贤足迹，登临浏览，仿佛与古人同游。

搁笔亭，在黄鹤楼以东 132 米处，钢筋混凝土仿木结构，于 1991 年重建。亭名取自“崔颢题诗李白搁笔”的一段佳话。孔尚任《题搁笔亭》诗曰：“潇洒仙才有尽时，当年搁笔费寻思。唐人不及今人胆，敢续崔郎以后诗。”与其说是笑李白胆小，不如说是笑后人胆粗，实有自嘲之意。后人也有质疑“搁笔亭”的：“搁笔伊谁构此亭，痴人说梦几时醒？竟忘斗酒诗无敌，直信生花管不灵？捉月何曾江上见，落梅争忍笛中听？廓清赖有如椽笔，净扫云烟睹日星。”其实，搁笔亭丝毫无损诗仙大名垂宇宙，当然有利崔诗黄鹤添光彩，所谓“搁笔题诗，两人千古”。据杨慎《升庵诗话》云：

「搁笔亭」

李太白过武昌，见崔颢《黄鹤楼》诗，叹服之，遂不复作，去而赋《金陵凤凰台》也。其事本如此。其后禅僧用此事作一偈云：“一拳捶碎黄鹤楼，一脚踢翻鹦鹉洲。眼前有景道不得，崔颢题诗在上头。”旁一游僧亦举前二句而缀之曰：“有意气时消意气，不风流处也风流。”又一僧云：“酒逢知己，艺压当行。”元是借此事设辞，非太白诗也，流传之久，信以为真。宋初，有人伪作太白《醉后答丁十八》诗云：“黄鹤高楼已捶碎”一首，乐史编太白遗诗，遂收入之。

可见“太白搁笔”完全是后人附会，游览搁笔亭，分清史实与传说，也是好的。

岳飞亭，旧称岳武穆遗像亭，位于蛇山中部山脊上、黄鹤楼东区岳飞广场、岳飞铜像前。1937 年武汉的抗日群众团体，在原岳庙废墟中清出一通刻有岳飞半身遗像的明代石碑，即移此建亭供碑，以弘扬民族精神，激励人民大众坚持抗战、反对投降的爱国热忱。亭为木石结构，六角攒尖顶，单檐外展，颇为端庄古朴。亭额刻“岳武穆遗像亭”六字，为孔庆熙所题，其下石柱楹联为：撼山抑何易，撼军抑何难，愿忠魂常镇荆湖，护持江汉雄风，大业先从三户起；　文官不爱钱，武官不怕死，奉说论复兴家国，留得乾坤正气，新猷端自四维张。碑上所刻岳飞像，线条遒劲，意态英武，亦属艺术杰作。像上方列明万历十年（公元1582年）云南太和（今大理）张翼先撰写的四言像赞。现碑系按明碑原拓复刻。岳飞亭旁建有一组塑像，以岳家军英勇抗金的花岗岩浮雕照壁为背景，一座高逾6米的岳飞扶鞍勒马的青铜塑像矗立于照壁前的巨石上。肃立岳飞亭，耳边似乎又响起了激越悲壮的《满江红》歌声。

「岳飞亭」

毛泽东词碑亭，在南楼东南侧，黄鹤楼东南206米，白云阁西南90米处。词亭于1992年建成，坐北朝南，长宽各6.6米，高9.5米，为四角攒尖重檐舒翼，亭中央矗立着高3.2米，宽1.8米的大型青石碑，南北两面分别镌有毛泽东1927年春登黄鹤楼（实为奥略楼）时填写的《菩萨蛮·黄鹤楼》；1956年6月畅游长江后填写的《水调歌头·游泳》。毛主席《菩萨蛮·黄鹤楼》最早发表在《诗刊》1957年1月号上。关于词的写作背景，作者在1958年自注道："一九二七年春，大革命失败的前夕，心情苍凉，一时不知如何是好，这是那年的春季……""烟雨莽苍苍，龟蛇锁大江。黄鹤知何去？剩有游人处。"好诗啊！这两首词，在他的全部诗词中可称上乘之作，勒石立碑于此，不仅见证黄鹤楼的时代风云，也可以告慰今人，黄鹤楼千年文采风流，不独让古人专美于前了。

抗战初期，黄鹤楼成为武汉抗日宣传活动的中心。周恩来在此作慷慨激昂的抗战形势报告，郭沫若在胜象宝塔前致开幕词，田汉慷慨赋诗："大火雄歌杰阁前，长江两岸万雷喧。江头野老私相问，盛况何如北伐年？"冼星海指挥万众引吭高歌，人们高唱着《义勇军进行曲》、《在东北松花江上》、《牺牲已到最后关头》等歌曲，举着火炬、彩灯，声势浩大的游行队伍汇成浩浩荡荡的抗日洪流，在黄鹤楼周遭激荡，留下了一段同仇敌忾、共赴国难的佳话。

浔阳烟水　滕王雄阁

韩愈有言：江南多临观之美，而滕王阁独为第一。江南三大名楼中，南昌滕王阁的兴建比黄鹤楼、岳阳楼要晚五个世纪，却因王勃的雄文使滕王阁后来居上。《琵琶行》之于琵琶亭，《水浒传》之于浔阳楼，还有江淹与南浦亭、辛弃疾与郁孤台，莫不显出楼台以文（人）而增胜的道理。

琵琶临烟水

「琵琶亭」

九江市长江边上的琵琶亭，是为纪念白居易名篇《琵琶行》而建。白居易（公元772—846年），字乐天，唐贞元进士，授秘书省校书郎。元和年间任左拾遗及左赞善大夫。他为唐代三大杰出诗人之一，他的诗揭露弊政，通俗易懂。元和十年（公元815年）因上书议政得罪权贵，贬为江州（今九江）司马。

白居易贬谪后的心境和生活在其《自诲》中有清楚的表述：人生百岁七十稀，设使与汝七十期，汝今年已四十四，却后廿六能几时？……而今而后，汝宜饥而食，渴而饮，昼而兴，夜而寝；无浪喜，无妄忧，病则卧，死则休……乐天乐天归去来。

元和十一年（公元816年）秋夜，白居易在浔阳江口船中设筵送客，“忽闻水上琵琶声”，使“主人忘归客不发”：

我从去年辞帝京，谪居卧病浔阳城。
浔阳地僻无音乐，终岁不闻丝竹声。
今夜闻君琵琶语，如听仙乐耳暂明。

于是“移船相近邀相见”，“添酒回灯重开宴”，千呼万唤中，琵琶女终于“犹抱琵琶半遮面”地出来了。

琵琶女先为他们作了一番精湛的演奏——“转轴拨弦三两声，未成曲调先有情”，“轻拢慢捻抹复挑，初为《霓裳》后《六幺》”，“嘈嘈切切错杂弹，大珠小珠落玉盘”、“凝绝不通声暂歇”，“此时无声胜有声”，“银瓶乍破水浆迸，铁骑突出刀枪鸣”……曲终，“东舟西舫悄无言”。

琵琶女曾是京城红极一时的歌妓：“五陵年少争缠头，一曲红绡不知数。”年老色衰嫁作商人妇，商人“重利轻别离”，使她常“去来江口守空船”，独自面对绕船的明月和寒冷的江水，于是在船上张弦代语，排遣悲怀。

“我闻琵琶已叹息，又闻此语重唧唧。”白居易与琵琶女素不相识，社会地位迥异，却一样地失意于京城而漂泊在外地，一种强烈的同病相怜之情涌上心头，写出“同是天涯沦落人，相逢何必曾相识”的千古名句，情真语切感人肺腑。诗人请琵琶女“莫辞更坐弹一曲，为君翻作《琵琶行》”，琵琶女融进了“同是天涯沦落人”的悲怆，“满座重闻皆掩泣”，而理解最深、感慨最多的自然要数“江州司马”，以至于泪湿青衫。

「琵琶行」

白居易在此表现出士大夫生活中世俗人情的一面。《琵琶行》与《卖炭翁》、《新丰折臂翁》一样，写的都是凡人俗事、寻常百姓，倾注了深深的同情和尊重，也借助琵琶女抒发了自己无端遭贬的苦闷与不平，行文质直顺畅，通俗近白。形容琵琶一节，比喻新颖精妙，将这种器乐演奏的风格呈现出来，令人如临其境、如闻其声，是迄今描述琵琶演奏最为成功的诗作。

《琵琶行》问世后不胫而走，传遍天下。白居易死后，唐宣宗吊白居易的诗中，即有“童子解吟《长恨》曲，胡儿能唱《琵琶》篇。”这样的句子，可见当时广为传诵的盛况。后人为张其事，在江边建亭，名为琵琶亭，但具体建亭年代难以说清了。当地还有一种说法，即江边本有一“送客亭”，《琵琶行》问世后，人们出于对诗人的景仰，便把此亭更名为“琵琶亭”。

《琵琶行》感动了历代文人，许多人到此寻踪怀古，在琵琶亭作诗、题咏。宋欧阳修因支持范仲淹的革新政治，得罪权贵而被贬夷陵（今宜昌），路过江州，登亭赋诗《琵琶亭》：乐天曾谪此江边，已叹天涯涕泫然。今日始知予罪大，夷陵此去更三千。叹山高水远，叹沦落天涯，其凄苦心境与牢骚较白居易更甚。

宋人梅挚的《琵琶亭》诗，联想到在此附近的古人陶渊明而发出了不同的感慨：陶令归来为逸赋，乐天谪宦起悲歌。有弦应被无弦笑，何况临弦泣更多！他赞陶渊明性情旷达、退隐归田、酒后常弹无弦琴以自娱，他认为陶渊明较白居易之伤感要超脱多了。

琵琶亭原址在湓浦口江畔浔阳驿站旁，自唐以后，游人纷至，到宋代已成为宴饮与观景的绝佳去处。此亭历代屡有兴废，明代重建时，迁址于城东老鹳塘，后又复建于故处，并多次修葺，最后一次毁于清咸丰年间的兵燹。现在的琵琶亭建于1987年，坐落在长江大桥东首的一个树色苍苍的庭院中。新址既与老鹳塘旧址相近，亦与“浔阳江头夜送客”的诗意相符。庭院大门有楹联一副：

红袖夜船孤，蛤蟆陵边往事悲欢商妇泪；
青衫秋浦别，琵琶筵上一时怅触谪臣心。

门额上方高悬刘海粟大师手书“琵琶亭”匾额。进入大门有一大型照壁，正面镌刻着毛泽东手书《琵琶行》全文，背面是一组再现当年白司马与琵琶女“天涯沦落人”相逢相知故事的壁画。照壁之后，就是高耸的琵琶亭和亭前一尊巨大的白居易立姿雕像，用整块汉白玉雕成，气象飘逸，栩栩如生。飞檐翘角的琵琶亭建在一座用条石砌成的大台基上，亭子左右两旁有碑廊。长长的碑廊墙上嵌满了碑刻诗文和楹联。

楹联对谪居江州的白居易及沦落天涯的琵琶女寄予深厚的同情，

其一曰：

枫叶四弦秋．怅触天涯迁谪恨；
浔阳千尺水，勾留江上别离情。

其二曰：

灯影幢幢，凄绝暗风吹雨夜；
荻花瑟瑟，魂销明月绕船时。

其三曰：

司马不来，相逢何必曾相识；
佳人何在，此时无声胜有声。

琵琶亭是一座六角攒尖顶的建筑，亭为二层，重檐飞举，碧瓦丹柱，古朴雅致。登亭推窗眺望，可南观庐山真面目，北瞰长江波涛涌，东望鄱湖水浩瀚，西览天堑架彩虹。朝霞夕辉，气象万千，使人目不暇接。正是：

乌鹊南飞，大江东去；
美人何在，佳句长存！

有名浔阳楼

浔阳楼坐落在九江市的长江边，是一座有一千多年历史的民间酒楼。虽然其建毁年代已无可考证，但从不同时期许多著名诗人咏吟的诗篇不难看出，浔阳楼在盛唐已有，清康熙年代尚存，且颇具规模。

浔阳楼临江而建。盛唐时期的诗人韦应物，在《登郡寄京师诸季淮南子弟》诗中，用“悬槛飘寒雨，危堞侵江流”的诗句来描绘浔阳楼的险峻、挺拔。中唐大诗人白居易，因“越职言事”而贬为江州司马三年，其饱蘸浓情的《题浔阳楼》诗，使浔阳楼名扬海内：

常爱陶彭泽，文思何高玄。又怪韦江州，诗情亦清闲。今朝登此楼，有以知其然。大江寒见底，匡山青倚天。深夜湓浦月，平昼炉峰烟。清辉与灵气，日夕供文篇。我无二人才，孰为来其间。因高偶成句，俯仰愧江山。

浔阳楼更因《水浒传》而闻名。当年，宋江一怒之下杀了阎婆惜，刺配至江州。正行到一座酒楼前，仰面看时，旁边竖一望竿，悬挂着一个青布酒旆子，上写道：“浔阳江正库”，雕檐外一面牌额，上有苏东坡大书“浔阳楼”三字。宋江来到楼前，只见门边朱红华表柱上，两面白粉牌各有五个大字：“世间无比酒；天下有名楼。”凭阑举目看时，端的好座酒楼，但见：

「浔阳楼」

雕檐映日，画栋飞云。碧栏干低接轩窗，翠帘幕高悬户牖。消磨醉眼，倚青天万叠云山；勾惹吟魂，翻瑞雪一江烟水。宋江看罢，喝彩不已……后来宋江感恨伤怀，乘酒兴在浔阳楼的白粉墙上挥毫写下一首《西江月》：

自幼曾攻经史，长成亦有权谋。恰如猛虎卧荒丘，潜伏爪牙忍受。不幸刺文双颊，那堪配在江州。他年若得报冤仇，血染浔阳江口。

又题诗一首：

心在山东身在吴，飘蓬江海谩嗟吁。

他时若遂凌云志，敢笑黄巢不丈夫！

浔阳楼记录下宋江被逼上梁山最后最关键的一步。施耐庵将如此重要的一笔放在浔阳楼，不仅写出浔阳楼在施耐庵心中的分量，也写出浔阳楼在宋代的形象与分量。这经过加工的史料故事，使浔阳楼名声大噪。文人墨客在此留下不少楹联。陆伟廉撰联：

壮士抒怀，汝得先干三碗酒；
幽思吊古，谁能更和一首诗。

杜宣撰联：

果有浔阳楼乎？将宋江醉酒，壁上题诗，写得有声有色；
如无水浒传者，则梁山聚义，替天行道，就会无影无踪。

窦天语撰、宋才葆书联：

举杯酹月，想公瑾摩戈，陆郎怀志，
青莲高咏，白傅慨歌，千古风流弘此世；
纵目凭栏，收匡庐郁黛，扬子雄涛，
湓浦风霞，柴桑远照，八方灵秀萃斯楼。

浔阳楼重建于1986年，占地2000平方米，楼高21米，为三层三檐歇山顶式。其建筑形式是根据荣兴堂内《水浒传》插图和宋代著名画家张择端《清明上河图》中浔阳楼而设计的。楼内有名人题书匾额及楹联。主楼的青砖黛瓦、朱栏红灯与背后的滔滔江水相映衬，组成了风高水急、高楼临江、巍然耸立的一幅古朴凝重且端庄典雅的画面。

浔阳楼的门口，保留着《水浒传》原著中所描写的细节：大门旁边竖着一根望竿，悬挂着一个青布酒旆子，上写道："浔阳江正库"。雕檐外一面牌额，上有赵朴初先生大书"浔阳楼"三字。在门边朱红华表柱上，两面白粉牌，各有五个大字，还是当年的楹联："世间无比酒；天下有名楼。"

步入楼门，迎面五彩缤纷的是梁山泊108位好汉的瓷塑群像，个个栩栩如生，神采飞扬。二楼豁然开朗，取名为"忠义堂"，大堂古色古香，窗明几净。凭窗眺望，近可观浩浩长江，远可眺庐山之景。钢拱飞梁的九江长江大桥，更为这座古城增添新的风采。正如一楹联所道：

是天下名楼，当年义士登临，酒胆诗心犹可见；
称浔东杰构，今日游人延伫，江声山色总相宜。

郁结古今气

郁孤台在赣州市西北部田螺岭上，唐李勉始建，距今已有一千多年的历史。

郁孤台分三层，高 14.1 米，面积 275 平方米。“郁”在这里为文采郁郁的意思，因“冠冕一郡之形势，而襟带千里之江山”，隆阜郁然孤峙，故名“郁孤台”。

李勉任虔州刺史时，登台北望长安，心存魏阙，感慨系之：“余虽不及子牟，心在魏阙一也。郁孤台岂非令名乎！”乃易匾为望阙。后屡次修葺或重建。南宋绍兴十七年（公元 1147 年）仍名郁孤，并在台北增建望阙台。

「郁孤台」

南宋时，郁孤台即是一郡名胜，引来文人墨客留下许多题咏。如辛弃疾《菩萨蛮》：

郁孤台下清江水，中间多少行人泪。西北望长安，可怜无数山。
青山遮不住，毕竟东流去。江晚正愁余，山深闻鹧鸪。

郁孤台因这首著名的词，有了灵魂，有了生命，有了情采。而郁孤台的这些楼台亭阁，这些诗文歌赋也不断地向游人陈述着辛弃疾这位杰出的爱国词人壮志难酬的一生。

辛弃疾（公元 1140—1207 年）所处时代正值山河破碎的南宋时期。22 岁时带领手下两千人投奔山东忠义军耿京抗金。第二年春奉命与南宋政府取得联系。完成任务北还时，叛徒张安国已暗杀耿京，投降金人。辛弃疾立即带领五十余骑，连夜奔袭金营，生擒叛徒张安国，又日夜兼程南奔，将之押到南都之临安，明正国法。他这一壮举，震惊了金人，大大鼓舞了南宋将士的士气。他毕生坚持驱除金虏，反攻复国，在上书南宋朝廷的《美芹十论》和《九议》中，系统批驳了鼓吹妥协投降的谬论，提出一整套抗金的战略方针和措施。不幸的是，他空有英雄胆略和将相之才，不但报国无门，还屡遭主和派的排斥和打击，毕生不为懦弱的南宋小朝廷所用，终生积郁，愤懑难平。

他隐居在江西铅山东北时，曾在鹅湖寺约会爱国志士陈亮，共商抗金大计。这短暂的十日，给辛弃疾苦闷生活带来极大愉悦，“憩鹅湖之清阴，酌瓢泉而共饮，长歌相答，极论世事”，并作了《破阵子·为陈同甫赋壮词以寄》：

醉里挑灯看剑，梦回吹角连营。八百里分麾下炙，五十弦翻塞外声，沙场秋点兵。马作的卢飞快，弓如霹雳弦惊。了却君王天下事，赢得生前身后名。可怜白发生！

淳熙七年（公元1180年），辛弃疾在知潭州兼荆湖南路安抚使时，冲破某些朝官阻挠，“起盖寨栅，招步军两千人、马军五百人”，创建著名的“飞虎军”，使敌人为之震慑。可惜挥师北伐的壮举还未实施，第二年就遭到革职处分。时值42岁壮年，就开始了在江西20余年的退隐生活，最后病逝于此。壮志在现实生活中幻灭，怎能不满腹悲怆！当年辛弃疾在赣州任江西提点刑狱时所写《菩萨蛮》，倾泻的即是此种心情。

「望阙台」

他郁郁落寞地登上郁孤台，眼前重重叠叠连绵不尽的青山，遮住了千里之外的京城，那里是大宋的国都，如今却沦陷在金人手中，就连这“无数山”，许多都已经沦于敌手。俯视着经过郁孤台下向西北滔滔流去的江水，一腔哀痛，满腹忧愁，都化作英雄泪，洒向滚滚北去的清江水……

南宋以后，郁孤台有过它的兴衰。在明洪武年间，郁孤台一度成为行署所在地，先后改建成为“岭北道署”和“察院行署”。正德年间，行署搬至城西，重新修复郁孤台，还郁孤台游览胜地之原貌。嘉靖年间赣抚汪尚宁、巡道游震得复加培筑。后台圮，在旧址上重建亭。清康熙三十九年（公元 1700 年），观察刘荫枢、赣令曹炯曾构亭，华亭编修沈宗敬大书“郁孤台”三字表之。道光十年（公元 1830 年），邑人罗诗瑞重修额以郁孤台，郁鼎钟纪其事于石。同治八年（公元 1869 年）毁于大风，十年后重建。1983 年，按清同治年式样重建，现“郁孤台”三字为舒同先生题额，台三层，高 17 米，占地 300 平方米。

郁孤台名闻遐迩，吸引无数游客，留下许多题咏、楹联。其中，文天祥《郁孤台》诗令人难忘：

城郭春声阔，楼台昼影迟。
并天浮雪界，盖海出云旗。
风雨十年梦，江湖万里思。
倚栏时北顾，空翠湿朝曦。

正是：

郁结古今气；
孤悬天地心。

滕王阁第一

在江西南昌城外，巍然耸立着一座名贯古今、誉满海外的千古名阁——滕王阁。它建筑在赣江和抚河交汇的江心洲上，两条江河在这里交汇聚集，然后北流注入鄱阳湖，致使滕王阁前一带的江面宽广如同大湖，看不见江水的流动。滕王阁就在这碧水缭绕的江心洲上拔地而起。它碧瓦丹柱，画栋雕梁，飞檐翘脊，高耸云天，极具大唐巍峨闳肆的建筑风貌。

「滕王阁」

滕王阁所在虽无蛇山之势、长江之险与洞庭之宽广，但它背城临江，面对西山，扼赣江，控抚河，江面辽阔，水天一色，鹤汀凫渚，渔舟唱晚。兼有岳阳楼、黄鹤楼“景”与“制”的优点，从而赢得了历代炎黄子孙的景仰与爱慕。唐代文豪韩愈在江西为官时，应御史中丞王仲舒之请，为重修滕王阁写过一篇记文。他在文中写道：“江南多临观之美，而滕王阁独为第一，有瑰伟绝特之称。”嗣后，滕王阁便以“西江第一楼”的美名饮誉“江南三大名楼”之间。

（一）胜地几兴废

作为盛唐文化象征的滕王阁，“面临江水势凌霞，却倚重城十万家”。其阁势巍峨雄伟，风格独异。它没有殿堂的森严之感与城楼的杀伐之气，也没有塔式建筑的神秘气氛，更没有一般亭台楼榭的小家春色。它的建筑艺术摒弃了政治、宗教、世俗等影响，从建阁伊始，它既是一个瑰伟绝特之胜地，又是一个独具艺术氛围的文化名阁。

一千多年来，滕王阁兴废重建达 29 次之多，其中，唐五、宋一、元二、明七、清十三、现代一。在浩浩历史长河中，滕王阁已不仅仅是文化古城南昌的重要标志，而且是中华民族灿烂文化和古建筑艺术的象征，所以屡毁屡建，且面积不断有所扩大，各代的建筑风格也略有不同。

唐代，阁共三层，高六丈，主阁“层台耸翠，上出重霄，飞阁流丹，下临无地”，有“回廊并抱”，“飞轩累榭”，金碧辉煌，十分壮观。

宋代滕王阁形貌之华丽，气势之宏伟，被赞为“历代滕王阁之冠”。大观二年（公元 1108 年）重建时，主阁比唐代增高十分之一，且南北各增建一亭，南曰“压江”，北曰“挹翠”。阁分三层，有回廊，雕栏，假山，树木掩映其间。

元代滕王阁两次重建，规模有所缩小，但“材石坚致，位置周密，檐宇虚敞，丹刻华丽”。从现存的元画《滕王阁图》中可见元阁雕饰简朴，曲线刚劲，与唐、宋阁之壮丽华美的风格迥异。

明代，由于兵燹战乱，水患火灾，滕王阁重修达七次之多。一次重建，作为“迎恩制诏之所”，遂更名为“迎恩馆”。二次重建，取韩愈之文意，更名“西江第一楼”。三次重建，恢复“滕王阁”之名，一直沿用至今。

明阁在建筑风格上讲究秀雅、精致，规模较前朝缩小了。

清代 260 多年中，重修重建此阁达 13 次，平均约 20 年一次，第一次重建于顺治十一年（公元 1654 年）。阁凡五楹，附以群庑，外僚短垣，改明阁的正南为正西朝向，恢复了唐阁、宋阁面对西山之旧观，以览江山之胜。清阁的规模和形制以清初第一次重建为最，其后历次重修重建，大都沿袭清初形制。

至清末民初，滕王阁已破败不堪。1926 年 10 月，北伐军攻城前，军阀负隅顽抗，下令焚烧章江门一带民房，滕王阁同时也化为灰烬。

以往每当楼阁遭灾损坏，旋即予以修复。而 1926 年的这次惨祸，则给滕王阁的历史留下了半个多世纪的空白。多少炎黄子孙萦系心怀，发出“不见斯楼，情无所倚，魂何以安”的慨叹。

1942 年，梁思成及助手莫宗江，以中国营造学社的名义，据“天籁阁”旧藏宋画滕王阁图底本，参照唐代建筑法式，绘制《重建滕王阁计划草图》，设想在抗战胜利后重建，后因内战未果。

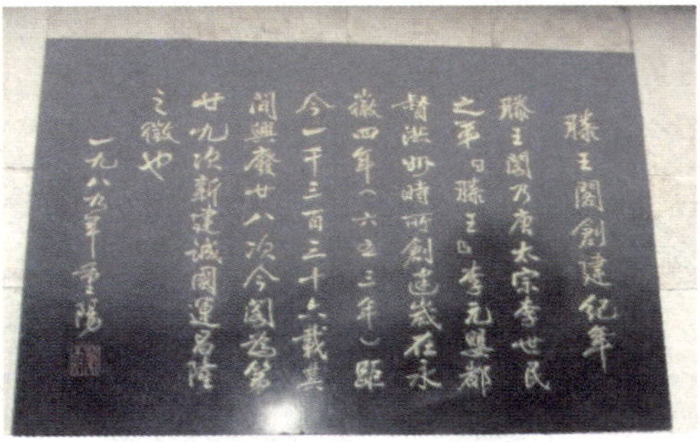

「滕王阁创建纪年碑文」

直到 1985 年重阳节，才正式拉开了重建滕王阁的序幕。新建的滕王阁距唐阁旧址仅百余米，在赣江、抚河交汇处，负城临江，遥对西山。在梁思成草图的基础上重新设计，建成了更高大、华丽的仿宋式“明三暗七”古典楼阁，净高 54.5 米，建筑面积 9400 平方米，下部为象征古城墙的钢筋混凝土仿木结构。碧色琉璃瓦顶，彩画斗拱梁柱，葆有唐代“层台耸翠，上出重霄，飞阁流丹，下临无地”的雄伟气势，重现并弘扬了大唐风貌。

滕王阁底层大厅有大型壁画，表现《马当神风送滕王阁》的神奇意境。门前红柱上悬挂着巨幅不锈钢拱联：“落霞与孤鹜齐飞；秋水共长天一色。”为毛泽东草书。第二层有大型山水画，再现了王勃序文中“襟三江而带五湖”的壮阔场面，将江南三大名楼的雄姿囊括其中，气势不凡。

第三层为主层，为全阁重心所在，正面镌刻着王勃《滕王阁序》的全文，为宋代苏轼的墨迹，这不朽名篇使滕王阁熠熠生辉。站在这撼动了千古人心的楼阁之上，再读这篇奇文，一种情景交融的感触令人震撼不已。副厅内还陈列了滕王阁的珍贵文物，并布置了古典气氛的礼厅和乐厅，突出了全阁的主题。

第四层以大型长卷壁画表现了江西历史文化名人群像，以显示“物华天宝，人杰地灵”的盛况。第五层视野广阔，有展示书法绘画精品的“翰墨厅”和“丹青厅”，可供文人墨客登临时即兴挥毫、吟诗作画。厅内还有《百花百蝶图》、《汤显祖戏演<牡丹亭>图》等壁画。第六层是独具特色的“古戏台”，可供戏曲、歌舞表演，是观赏和娱乐之艺术殿堂，体现了滕王阁以歌舞建阁之初衷。

（二）雄文泣鬼神

滕王阁因王勃《滕王阁序》而享誉天下，此序词句华美，音韵铿锵，气势雄放，景象万千，如绝世交响，石破天惊。

王勃（公元649—675年），字子安，绛州龙门（今山西河津）人，初唐四杰之首。其诗句“海内存知己，天涯若比邻”也是有口皆碑。他出身于书香门第，才华早发。14岁应举及第，授朝散郎官职，17岁为沛王贤看重。20岁时，因忤唐高宗，被逐出沛王府。后由长安入蜀，客居剑南，三年中诗文很多，“每有一文，海内惊瞻”。23岁时由蜀还长安。至虢州（今属河南）任参军，又因罪革职，其父亦受牵连，被贬为交趾（今越南）令。

「滕王阁浮雕《时来风送滕王阁》」

《滕王阁序》就是王勃前往交趾探亲途中路过南昌时所写。据载，上元二年（公元675年）王勃去交趾探亲，乘舟在长江遇阻。“时来风送滕王阁”，似有水神以风相助，“夜行七百里”到达南昌，正好赶上阎都督为重修滕王阁竣工而举行的盛宴，王勃也受到了邀请。

洪州都督阎伯屿本想让他的女婿吴子章在盛会上当众写出早已构思好了的滕王阁序，以显示其文才。席间以纸笔遍请宾客作文，大家心中有数，都推辞不写。不料王勃年轻气盛，竟毫不相让，只说盛情难却，提笔就写。这使阎都督大为不快。他拂袖而去，令下吏伺其下笔且句句禀报。随着众吏分别报王勃所写的辞句，他的态度也在慢慢地变化。开始几句，觉得是老生常谈，而后沉吟不语，继而暗暗生奇，当报到“落霞与孤鹜齐飞，秋水共长天一色”时，阎公以手拍几道：“此子落笔若有神助，真天才也！此文当永垂不朽矣！”

此阎公也算得上是识才、爱才之人。待文成之后，阎公携王勃之手，请他上座，称他是“天下奇才”，并料定“帝子之阁，风流千古，有子之文，使吾等今日雅会亦得闻于后世。从此洪都风月，江山无价，皆子之力也”。并言“吾当厚报”。此时，他的女婿离席而起，高声道：“此乃旧文，吾收之久矣，何能将先儒遗文伪言新作，蒙昧左右，当以盗论。”这吴子章也聪明过人，仅凭数吏分驰报句，竟将文章记下来了，随即当众背诵，从头至尾无一字差错。众人果然大疑，王勃也佩服吴子章记性之好。王勃不动声色，徐徐问道：“公言先儒旧文，别有诗乎？”子章道：“无诗。”王勃又问大家：“如此为旧文，后有诗人句，诸公有记之者否？”众皆不答。王勃乃又拂纸疾书：

滕王高阁临江渚，佩玉鸣鸾罢歌舞。
画栋朝飞南浦云，珠帘暮卷西山雨。
闲云潭影日悠悠，物换星移几度秋。
阁中帝子今何在？槛外长江空自流。

此诗即景抒情，意境深远，可以视为崔颢《黄鹤楼》诗之先导。子章见之，大惭而退。阎公又赠五百缣及黄白酒皿，共值千金，以示感谢。

这一天的王勃，丰采逼人，神气飞扬，天马行空般地写成了这篇脍炙人口的千古绝唱《滕王阁序》。走下滕王阁，像离开沿途无数个驿站一样，告别南昌，一路风雨兼程，直到天涯海角。他无暇回顾沿途的驿站与山水，自然也顾不得留意他那即兴之作能否流传千古。他不知道他踏上的是一条不归路，就在那一年里，他消失在了南海的波涛中。

但命运之神却让他在生命的最后一瞬，像流星一样光华灼目地划破天空，给后人留下了永远无法取代的美妙意象。

王勃使滕王阁名扬天下，垂之永久，历代文人多以登临此阁并题咏诗文为荣。中唐御史中丞王仲舒作《滕王阁记》，王绪作《滕王阁赋》，这一序一记一赋，作者均姓王，合称“三王”。

「王勃」

后来，韩愈又写了一篇著名的《新修滕王阁记》，他在盛赞临观之美、瑰伟绝特之后，郑重地写道：“窃喜载名其上，词列三王之次，有荣耀焉。”这位文起八代之衰的文坛大师，以名列“三王”之后而引以为荣，可见对王勃之文多么尊重。随着岁月的流逝，王仲舒与王绪的赋与记皆已湮没不传，而王勃的《滕王阁序》却如日月星辰，传之千秋万古而难掩其璀璨光芒。

1980年元月，美籍华人杨振宁博士，在广州粒子物理学术会上说：“1300多年前的初唐时代，南昌曾有一次盛会，诗人王勃在《滕王阁序》中用了‘物华天宝’、‘人杰地灵’这样美丽的词句描写了当时中国的潜力。以后盛唐文化是当时世界之冠。今天，王勃的名句仍然能用来描述中华民族的无比潜力。”千载之后，王勃的文章，还被一位海外赤子、学术巨擘引用念诵，这表明王勃雄文确有一种无可比拟的艺术生命力与感染力。

（三）宴乐歌舞地

滕王阁从诞生之日起，就是宴乐之厅、歌舞之场。滕王阁是唐代永徽四年（公元653年）滕王李元婴所建。李元婴是唐高祖李渊的第22子，唐太宗李世民的弟弟。他虽然风流成性，因为生长在帝王之家，从小受到宫廷艺术熏陶，酷爱音乐、舞蹈、绘画，颇具才情。所绘《滕王蛱蝶图》艺术价值甚高，有“滕王蛱蝶江都马，一纸千金不当价”之誉，世人莫不争之如宝。

「滕王阁壁画《霓裳羽衣舞》」

他更喜欢饮宴和游观，每当他封于一地，便大兴土木，建造亭台楼榭，以供其游乐。《阆苑记》载：“是滕王洪州建阁，隆州建亭，均以滕王名。”据传，李元婴由苏州刺史谪置洪州都督时，心中怏怏不乐，遂从苏州带了一班歌舞乐伎，终日在洪州都督府里吹弹歌舞，寻欢作乐。一天，他带领一班僚属和歌舞伎人，出城来到章江门外的冈峦之上，踞高临江，远眺西山层峦叠翠，俯视赣江波涛滚滚，顿觉精神为之一爽。高兴之余，他令人就地摆开酒筵，奏乐歌舞。风景虽美，冈峦之地却无法起舞，不觉十分遗憾。一个幕僚提议，何不在此兴建一楼阁，既可揽山川之胜，又可观歌舞之乐，李元婴听了不禁拍案叫绝。于是，滕王阁由此而生。

滕王阁建成后，李元婴几乎天天登阁游赏。他一边开怀畅饮，一边观赏歌舞表演，有时则自度曲律，轻敲檀板，慢拢丝弦，横吹玉笛，亲为伴奏。此外，又打造青雀舸，率僚属游乐江中，或踏歌洲渚。渚上野花竞发，彩蝶纷飞，善丹青的滕王其心境不言而喻。

「滕王阁园景」

滕王阁本是李元婴供自己“游观宴乐”而兴建的。王勃的千古名篇《滕王阁序》，客观上给豫章故郡、洪州新府留下一笔宝贵的文化遗产，对南北文化的交流以及江南歌舞的发展和繁荣起到了重要作用。

元代虞华在《重修滕王阁》里感叹道：“且一阁之遗，见崇于今昔如此，彼滕王何其幸欤。”他认为，并非滕王有名，而是因为阁出名才使滕王有幸名扬天下。

正史所载，滕王的恶劣形迹委实不少，但有的野史又说滕王“东征西讨，做下多少功业”。作为亲王，李元婴任过苏州刺史、洪州都督、滁州刺史、寿州刺史、梁州刺史等，在交通不便利的古代，要到这许多地方就任实属不易。导致这坎坷经历的原因，可能是他天生骄纵失度，劣迹斑斑，屡遭贬谪，也可能因生在帝王之家，政治上的失意和沉湎于酒色逸乐而一误再误，还可能是给人假象以避祸患。他于睿宗文明元年（公元 684 年）去世，被赠司徒之位兼冀州都督，并陪葬献陵。在多事之秋的初唐，滕王能经历唐高祖、太宗、高宗、中宗、睿宗几代而保全以终，也算一个奇迹。

滕王李元婴的是是非非，恐怕三言两语难以说清，连唐人都感到困惑，何况千载之后。正如李涉《重登滕王阁》所云："滕王阁上唱伊州，二十年前向此游。半是半非君莫问，西山长在水长流。"王勃《滕王阁诗》最后写道："阁中帝子今何在？槛外长江空自流。"实有吊古伤今之意。

建阁伊始，李元婴几乎天天登阁游观。后来，李元婴贬至滁州，滕王阁上的歌舞曾有过短暂的间歇，故而有"佩玉鸣鸾罢歌舞"之说。而以后几乎所有的洪州都督每逢接官、送别、宴友、登高、庆典等事，均在滕王阁上举行宴会。尤其是王勃赴阎都督宴、作《滕王阁序》后，滕王阁成为江南游观胜地之最。每逢重阳佳节，历届洪州都督都在滕王阁上大宴群僚，成为一年一度的盛大宴集。

元和十三年（公元 818 年），诗人白居易结束三年被贬江州司马的生活、就任忠州刺史前夕，特路过南昌，当时官员就在滕王阁上为白居易设宴饯行。白居易为此赋七绝一首：

翠幕江筵高在云，一声歌曲万家闻。
路人指点滕王阁，看送忠州白使君。

唐时，在滕王阁所表演的歌舞中，主要是宫廷燕乐以及当时流行的民歌民舞，如杨柳枝、伊州大曲、柘枝舞等。

诗人杜牧常登阁游览和参加宴集。在他离开南昌后、居九江溢浦时，写了几首感怀钟陵旧游的诗，对滕王阁上柘枝舞——西北一种少数民族舞蹈的印象尤为深刻：滕阁中春绮席开，柘枝蛮鼓殷晴雷。垂楼万幕青云合，破浪千帆阵马来。

伊州曲，是唐朝天宝年间盛行的大曲，出自伊州（今新疆哈密），初由西凉节度使献于朝廷，后由乐署改编教习，很快便在全国流传开来。唐代诗人李涉所谓"滕王阁上唱伊州"是也。

宋代，由于兵祸战乱，滕阁歌舞由盛而衰。辛弃疾于淳熙八年（公元1181年）夏季，写了一首《贺新郎·赋滕王阁》词，他以悲凉、忧愤的心情，对滕王阁因战乱而造成的一片破败景象作了写实性描述：

高阁临江渚，访层城，空余旧迹，黯然怀古。画栋珠帘当日事，不见朝云暮雨。但遣意西山南浦，天宇修眉浮新绿，映悠悠潭影长如故，空有恨，奈何许。

王朗健笔夸翘楚，到如今，落霞孤鹜，竞传佳句，物换星移知几度？梦想珠帘歌舞。为徙倚，阑干凝伫。目断平芜苍波晚，快江风一瞬澄襟暑。谁共饮？有诗侣。

此时阁中歌舞只可在梦中寻觅了。

明朝滕王阁上的歌舞有一个复兴时期。明代诗人对滕阁歌舞吟咏很多，有诗云：杰阁登临尽俊英，当筵吹鼓杂涛声。金风时荐朝来爽，玉露平分夜半清。

明万历二十七年（公元1599年）重阳佳节，江西巡抚王佐大摆宴席于滕王阁上，演出汤显祖的《牡丹亭》。从此以后，阁中还特地设了一座古戏台，歌舞楼台发展为戏剧舞台。

明清以后，滕王阁上不仅歌舞不绝，戏剧不断，而且还从阁上向阁下发展。其时滕王阁下，赣江水面已成为游人密集之处。尤其是每年阳春三月两岸桃花盛开的时候，游客们常常结伴相邀，乘舟遨游，并伴随歌者轻唱弋阳腔。有一首《西江竹枝辞》写道：滕王阁下木兰舟，远笛声声渡水流。喜和洋琴歌一曲，弋阳腔调豁新愁。

滕王阁上的歌舞，自李元婴首创以来，历经五朝，绵延千年而不衰，“佩玉鸣鸾歌舞地”，滕王阁名不虚传。

（四）诗文传阁远

滕王阁在江西文化发展史上起了重要作用。滕王阁建成后，由杰出代表王勃、韩愈等开创“诗文传阁”的传统，引发了江西人才的诗兴文思。“五云窗户瞰沧浪，犹带唐人翰墨香，”这种以“登临”为契机的创作，给不同时代、不同流派的文学艺术家提供了互相切磋、以文会友的机会和场所。“三王”的序、记、赋之后，文人学士登阁题诗作赋相沿成习。

历代名士登阁者，以诗文记盛者无以胜数，王勃、王仲舒、王绪、韩愈、白居易、杜牧、欧阳修、曾巩、王安石、苏辙……自唐至清，滕王阁重修28次，每次都有名公、巨卿、宿儒学者写诗作记。历史上虽有大量散失，目前仍有1300多篇。

「滕王阁远眺」

明代，滕王阁登临从单吟独咏发展到群登雅集，会友结社。明崇祯七年（公元1634年）春，傅太佑与舒曰敬等22位文人雅士登阁赏景，举觞吟诗，成立了“滕王阁社”。该社以进士舒曰敬为盟主，相约一月一聚会，或自由出题，或抽签拈题，题诗作文，议论时政，写出了很多唱和诗文。不久，偏楼环漪阁落成，江西巡抚解石帆又在滕王阁设宴邀招全省文人学子缔结“环漪阁社”，作赋题诗。舒曰敬还在滕王阁上作社业讲学，撰写了《滕王阁社业初集》序、《二集》序。在开坛讲学的影响下，涌现出许多文学英才。

“江山之好亦赖文章之助”，“古今不朽之业，其必有籍以存”。明代董遵首创编辑自唐至明的《滕王阁文集》十卷，继而明崇祯六年（公元1633年）李嗣京将明代中叶以来诗文，遴选编成《滕王阁续集》十九卷，堪称一时之盛。清顺治十二年（公元1655年）中丞都御史、江西巡抚蔡士英写《征诗文檄》，广征当时名人诗文460余篇，编为《重修滕王阁集》，又将唐以来的诗文汇编为《滕王阁全集》十三卷。此集除蔡本人作序外，还请钱谦益、熊文举等名人作序。

滕王阁历来楹联极多，清代李春元联云：

我辈复登临，目极湖山千里而外；
奇文共欣赏，人在天水一色之中。

集孟浩然、陶渊明诗句与韩愈、王勃记序中之名句。还有备受称赞的刘坤一撰联云：

兴废总关情，看落霞孤鹜秋水长天，幸此地湖山无恙；
古今才一瞬，问江上才人阁中帝子，比当年风景如何？

王必达联云：

鸣莺昼静，画蝶春融，当年文采风流，雨卷云飞余胜赏；

乘鹤楼高，燃犀渚迥，是处江山辉映，诗成酒熟待才人。

周峋芝联又是一番风韵：

滕王何在，剩高阁千秋，剧怜画栋珠帘，都化作空潭云影；

阎公能传，仗书生一序，寄语东南宾主，莫看轻过路才人。

除了诗文楹联，历代绘画、书法、篆刻、碑拓也都留下了大批艺术珍品。

五代李升的《滕王阁宴会图》、《滕王阁图》与卫贤所画《滕王阁图景》，“世称三绝”，但今已不存。现存最早的《滕王阁图》为宋画院作品，见于天籁阁藏《宋人画册》之中，有人以为此画即郭忠恕所画的《王勃对客挥毫图》。此外，宋画还可见《晚香堂苏帖》，其中载有南宋赵伯驹的《滕王高阁图》。宋绣亦有《滕王阁图》，极为精细动人。元人所绘绢本《滕王阁图》，山水广阔，草木苍翠，刊于1931年《故宫周刊》上。明代有唐伯虎的《落霞孤鹜图》和嘉靖年间《江西通志》上一幅滕王阁版画。清代吴让之的巨幅滕王阁图为王咨臣所收藏。清末南昌画家袁戴春的四巨幅《南昌名胜图景》，历时两年方成，其中的“仙人旧馆”图，现藏于江西历史博物馆。

「滕王阁《人杰图》」

元代赵孟頫所书《滕王阁序》，明杨士奇称为“笔意精妙绝伦”。明代文征明、董其昌皆书写过王勃序文。清康熙帝亦亲临王序，刻石立亭。乾隆时书法家翁方纲所书王勃序曾刻在滕王阁屏门上，字有碗口大，今存有拓本。书法名家王文治楷书陈维崧《滕王阁赋》亦曾刻石。巡抚陈准等8人联句由沈初书丹，方又新刻石。

滕王阁碑刻中，宋代苏东坡所书《滕王阁序》被米芾称为“刚劲而有韵”，与赵伯驹的《滕王阁图》堪称“双绝”，刻入《晚香堂苏帖》。

同治十二年(公元1873年)重建滕王阁,刘坤一、刘绎均作有重建记文,由李文田、夏献征楷书刻石。不少碑刻的拓本至今大都完好,是与滕王阁历史密切相关的珍贵遗产。

江南多临观之美,滕王阁不愧为第一。滕王阁,不仅是一座风景楼,更是中国古代文化名楼,一座辉煌的翰墨宝库。

丨诗酒太白　山水醉翁丨

安徽境内，古迹犹多，乌江亭是西楚霸王自刎之地，韩侯钓台是淮阴侯韩信早年落魄之处。斗酒诗百篇的李白在这儿醉过，留下了三座风格各异的太白楼。“历任三朝，备位二府”的文化巨星欧阳修更是在这儿醉出一座千古名亭醉翁亭。北宋政治家、文学家王安石出任舒州通判，秉烛陶醉书林，以致“舒台夜月”至今不落。

太白名楼多

李白晚年寄寓安徽当涂（今属马鞍山市），安徽是诗人常游之地，终老之乡，绝笔之处。这里的青山碧水遍布诗仙的游踪，到处都是当地人们纪念这位诗仙而建造的亭台楼阁。

李白（公元701—762年），生于中亚巴尔喀什湖畔碎叶城，五岁随父迁居四川绵州彰明（今江油）青莲乡。李白在朝廷供奉翰林时期，遭佞臣谗言中伤，被迫离开京城长安，“浪迹天下，以诗酒自适”。天宝十四年（公元755年），“安史之乱”爆发，李白入永王李璘幕府，以图一展其“平天下”抱负。其后永王璘遭唐肃宗翦灭，李白也因此获罪，直到朝廷大赦方重见天日。上元二年（公元761年），李白来到当涂，投靠县令族叔李阳冰，这是他第七次来当涂。第二年冬，李白患“腐胁疾”，客死当涂。

李白的优秀诗篇一千多年来一直照耀着我国文坛。正如韩愈所评价：“李杜文章在，光焰万丈长。”有关他飘然不群、傲视权贵的传说，世人将之写进诗画戏曲、筑进楼台亭阁，表达了对这位诗仙的热爱与赞美。

（一）采石太白楼

采石矶太白楼是现存纪念李白古祠楼台中规模最大的一处。采石矶又名翠螺山，位于安徽马鞍山市，四周环水，海拔130多米，周长约7500米，山上青翠欲滴，远看酷似一只巨螺横卧江畔。

李白常来翠螺山泛舟江上，对月飞觞，以他的真情快意、爽朗诗篇，壮山川之美，发悲凉之情。这时的李白，在“世人皆欲杀”的残酷迫害下，狂放一生的他也不禁发出“平生不下泪，于此泣无穷。”的悲音。这是李白咏翠螺山诗作中的一首。

绝壁临巨川，连峰势相向。
乱石流濮间，回波自成浪。

但惊群木秀，莫测精灵状。
更听猿夜啼，忧心醉江上。

来到当涂投靠族叔之后，他作了最后的努力：闻李光弼领兵征讨史朝义，他由当涂北上，请缨杀敌，但行至金陵，因病折回。此时的诗人可谓病老交加，怎能不“更听猿夜啼，忧心醉江上”？即便心事如“涛似连山喷雪来”，又当如何？诗人已然走到生命的尽头了。

唐元和年间（公元806—820年），在诗人去世几十年之后，当涂人为纪念李白，在翠螺山南麓建造宏大楼阁——太白楼，始名为谪仙楼。谪仙楼宽闳富丽，名重一时，曾与武昌黄鹤楼、洞庭岳阳楼、赣江滕王阁，合称“三楼一阁”。一千多年中，无数次毁于兵火，但屡毁屡建。清雍正八年（公元1730年）重建，改名太白楼。今楼为光绪三年（公元1877年）重建。

「采石矶太白楼」

太白楼依山就势，前后三进。主楼三层两院，两侧各有厢房庭苑，内栽花草，青翠宜人。大门两旁各有一石狮，形态生动活泼，门檐下两壁嵌有重修太白楼碑记和太白生平碑文。进入一楼，迎面一座巨大屏风，绘有太白漫游采石的国画，壁上挂着太白游踪图。左右回廊，青石台阶，拾级而上。主楼三层，飞檐翘角，黄绿琉璃瓦，雕梁画栋，金碧辉煌。一层为厅，二层为楼，三层为阁。两座李白像，一立一卧，一醒一醉，形态逼真，各具神韵，分别安放在后楼正厅和三层阁上。立者，昂首傲然，神态潇洒，体现了诗人“安能摧眉折腰事权贵”的高风亮节；卧者，举杯遮目，醉态蒙眬，刻画出“古来圣贤皆寂寞，惟有饮者留其名”的傲岸不羁的性格。登楼远眺，千里江流，万顷田野，尽收眼底，使人顿生“诗来寻我却难辞”之感。此楼自古有“风月江天贮一楼”之称。

千百年来，文人名士纷至沓来，题诗吟咏，感叹万端。明李贽《太白楼·之二》：

天宝年间事已非，先生不醉将安归。
当时豪气三千丈，倾国名花赠玉妃。

明代有人撰联：

狂到世人皆欲杀；醒来天子不能呼。

徐渭有联曰：

我辈此中惟饮酒；先生在上莫吟诗。

清末黄琴士撰有一副长联：

侍金銮，谪夜郎，他心中有何得失穷通，但随遇而安，说什么仙，说什么狂，说什么文章身价，上下数千年，只有楚屈平，汉曼倩，晋陶渊明，能仿佛一人胸次；

踞危矶，俯大江，这眼前更觉天空地阔，试凭栏远望，不可无诗，不可无酒，不可无奇谈快论！流连四五日，岂惟牛渚月，白纻云，青山烟雨，都收来百尺楼头。

太白楼往西临近长江之处，有一平坦巨石，刻“联璧台”三字，字大如斗，后署“思道”二字。联璧台俗称“捉月台”、“舍身崖”，嵌于葱郁绝壁间，翘首展翅，势态壮观。它是民间对诗人之死美好传说的印记。相传李白酒醉后即从此处入江揽月，江中游来巨鲸，将诗人驮起，飞往东海仙山。宋诗人梅尧臣以诗叙说了“李白捉月”的故事：

采石月下逢谪仙，夜披锦袍坐钓船。

醉中爱月江底悬，以手弄月身翻然。

不应暴落饥蛟涎，便当骑鲸上青天。

明正德十四年（公元1519年），太平郡守、池州郡守、徽州郡守与刑部主事方豪同登此地游玩，改捉月台为联璧台。“联璧台”题字下方刻有一诗：“峨嵋何孤绝，游子往不歇。不见谪仙人，空江自明月。”

诗人已去，江月依然，诗仙不朽。

（二）歙县太白楼

在安徽歙县练江南岸太平桥头，也有一座太白楼。相传唐天宝年间，李白来歙州访名士许宣平，在此地饮酒赋诗，楼因此得名。

传说许宣平于唐景云间隐居歙县紫阳山南坞，写过一首题壁诗：

隐居三十载，筑室南山巅。

静夜玩明月，闲朝饮碧泉。
樵夫歌垅上，谷鸟戏岩前。
乐矣不知老，都忘甲子年。

天宝年间李白在洛阳见到这首传抄的诗篇，赞曰：“此仙人诗也！”于是特来歙县访许宣平，未遇。留下《题许宣平庵壁》诗曰：

我吟传舍咏，来访真人居。
烟岭迷高迹，云林隔太虚。
窥庭但萧瑟，倚杖空踌躇。
应化辽天鹤，归当千岁余。

为何许宣平一诗引起诗人如此兴趣？许诗开篇一句“隐居三十载”，就会猛烈掀起李白心潮。龚自珍说：“庄、屈实二，不可以并，并之以为心，自白始；儒、仙、侠实三，不可以合，合之以为气，又自白始也。”很深刻地道出李白思想的复杂性。李白到歙县来否，并无史料记载，然而他赞赏许宣平且题诗是确有其事的。

「歙县太白楼」

歙县太白楼始建于唐，屡圮屡兴，现有的建筑为清代所建。太白楼双层楼阁，楼前部平面呈凸形，如过街亭。大门朝东，迎向桥头，东西边门由沿江古道穿过。南门镌有“六水回环”四字，北门镌有“五峰拱秀”四字。内墙上嵌有历代重修太白楼记事碑数方，后楼面阔，五间中三间为明堂，左右各一厢房，天井两侧回廊皆设楼梯。整座建筑装饰为歇山顶，前后共有八处翘角，高瓴重檐，翘角昂起，鳌鱼腾尾，两翼收进，脊线稍低。高低错落，呈现明清徽派楼宇建筑的特有风貌。

登楼瞰故郡长桥，近水遥山披画幅；
凭栏听江流天籁，风晨月夕吊诗仙。

李白来此地题咏隐者许宣平，人们在此楼怀念诗仙李白。紧邻太白楼的新安碑园，陈列着明万历年间歙县收藏家吴廷收藏镌刻的《余清斋帖》，以及明崇祯年间歙县收藏家吴桢所刻的《清鉴堂帖》。这两套碑帖共二百余块，收集着从晋至明历代书法大师的代表作：晋代二王，唐虞世南、褚遂良、颜真卿、怀素，宋苏轼、黄庭坚，直至明文征明、祝枝山等。名家真迹，精心雕刻，确为稀世珍品。日本藏有这套碑帖的完整拓本并奉之为法帖。

（三）敬亭太白楼

众鸟高飞尽，孤云独去闲。
相看两不厌，只有敬亭山。

敬亭山，又名昭亭山、查山，在今安徽省宣城县北。天宝十二年（公元 753 年），李白漫游到安徽宣城，在此他逗留了两年。这是他一生中的第二次漫游期。诗人心里极为矛盾，一方面仍有建功立业的宏图大志："欲上青山揽明月"；另一方面，由于"人生在世不称意"而产生出了"明朝散发弄扁舟"的念头。《独坐敬亭山》诗，是后一种心情的写照。

「敬亭太白独坐楼」

"独坐"是全诗的血脉，前两句是独坐之景：一只鸟都没有了，一片云也去了，空寂的一片。后两句是独坐之情：唯独这雄伟秀丽的敬亭山，才相看两不厌啊！独坐之景和独坐之情在此遇合成一个孤独的空前的意象，一个天纵奇才的独有的大寂寞！

晚明王思任在《游敬亭山记》中写道：

天际识归舟，云中辨江树。不到宣城．不知言者之赏心也……留云阁上，至此而又知'众鸟高飞尽，孤云独往还'造句之精也。

王思任游山之后归卧舟中，"梦登一大亭，有古柏一本，可五六人围，高百丈，榜曰：敬亭。"梦中敬亭虽与王思任白天"所游者异"，但仍是作者审美实体的剪影，更加之作者庄生梦蝶般地发出"向者游之非梦，而梦之非游"之问，创造出更奇妙、更令人神往的敬亭。

因一首诗，一首短短 20 字的诗，而建一座楼，且“人往千秋”不绝，这样的事只好出现在李白身上。后人在此处建“拥翠亭”并立碑记事。此亭又称“太白亭”，其周围后来建了不少楼阁，至清代，此亭改建成太白楼，楼下为道士寓居。1937 年毁于战火。如今已建成独具特色的“李白独坐楼”。另有穿云亭、翠云庵、广教寺、十贤祠、勒诗石等古迹都在附近。正如太白楼楹联所谓：

大江淘尽英雄，山经百战楼还在；
诗卷长留天地，人往千秋酒不空。

醉翁亭同乐

醉翁亭在琅琊山中。琅琊山古称摩陀岭，位于安徽滁州市西南 5 千米处。琅琊山险峻秀丽，山峰耸然特立，幽谷窈然深藏，九洞十一泉处处引人入胜，正是“峰峦密郁泉声上，楼殿参差树色中”，故而有“蓬莱之后无别山”的美誉。据史书记载，琅琊名胜是唐大历年间刺史李幼卿开始开发的。他在南山“凿石引泉，酾其流以为溪”，这就是琅琊溪。又在溪岸与山僧法琛建造“宝应寺”，这就是迄今已有 1200 多年历史的古琅琊寺。其后，唐宋著名文士相继出守滁州，进一步开发山川名胜，尤其是宋代欧阳修谪知滁州，修建了醉翁亭、丰乐亭、醒心亭等，且写下名篇《醉翁亭记》、《丰乐亭记》，“滁之山水得欧公之文而愈光”。正是文以山丽、山以文传，而使琅琊山声名日隆，游人不绝。

「琅琊山」

醉翁亭为琅琊山开化寺主持智仙所建。当年欧阳修常游此山，智仙同情他的境遇，钦佩他的文才，特在山腰佳胜处筑了此亭供太守歇脚、饮酒。醉翁亭初建时只有一个亭子，至明代则蔚为大观。可惜后来屡遭毁坏，清光绪七年（公元1881年）全椒观察使薛时雨主持重修，才得以恢复旧观。

如今的醉翁亭，已经历代扩建成为“九院七亭”，又称作“醉翁九景”，都是根据《醉翁亭记》中的境界拓展兴建。有楣上题着“山水之间”、“有亭翼然”的小院，还有名以“醒”与“醉”为主体的亭院，如醒园、解醒阁等。院内正中即是那座享誉古今的醉翁亭，虽历经沧桑，犹像当年那样端端正正，四四方方。那翻卷的檐牙仍如飞鸟展翅，它挑坊出檐，亭柱纤细，侧脚明显。亭侧的巨石刻着“醉翁亭”三大篆书，碑石斜卧，宛如醉态。亭内的“醉翁亭”匾额，苍劲有力，乃系苏东坡所书。亭后为“二贤堂”，纪念欧阳修和苏轼。其西侧为“宝宋斋”，为明代所建平屋。屋内两块青石碑，正反刻着苏轼所书《醉翁亭记》全文，此即稀世珍宝“欧文苏字”。

「醉翁亭」

据说，当年欧阳修曾亲自运笔，将《醉翁亭记》书写在石上，请良工勒刻。碑成后立于醉翁亭旁，观者、拓者日众。滁人见欧阳修刻笔字画偏浅，担心它不能久传，便欲改刻为大字。元祐六年（公元1091年），滁州知府王诏特地拜请在颍州的苏东坡重书，作为欧阳修的学生苏东坡欣然从命，很快写成，刻在石碑正反两面。即成此“欧文苏字”碑。碑高2.36米，宽0.9米，共401个字，每个字约0.1米见方，端庄敦厚，豪气奔放。该碑原立于亭西空地，明代天启二年（公元1622年）南京太仆寺少卿冯若愚建宝宋斋，专收藏宋代珍宝，将其庇护，直至20世纪60年代中期被毁，碑上字模糊不清。现又建六角仿“碑亭”一座，另立复制碑石，然较之原件逊色多了。

欧阳修（公元1007—1072年），北宋前期的文坛宗师，他领导了宋代的古文运动，奠定了宋代散文的群体风格。他与梅尧臣、苏舜钦一起，开创宋代诗歌新风貌。他与晏殊组成的晏欧词派居宋初词坛的主导地位。他主持《新唐书》的编撰，并独立完成《新五代史》。他还开创了务明大义，疑古辨伪的“宋学”，又是金石考古学的开拓者和我国第一部诗话著作的作者。史称韩愈、柳宗元、欧阳修、苏轼为“千古文章四大家”。

他视野开阔，通古博今，占领了一个又一个文化领域巅峰并让后人景仰不已。这位散文家、诗人、词家、历史学家、经学家、考古学家、诗歌评论家，人生历程却非常的坎坷。四岁丧父，“孤贫”的欧阳修凭着聪颖与刻苦，沿着“学而优则仕”的传统道路，及进士第，出任西京留守推官。康定元年（公元1040年），欧阳修被召回京，复任馆阁校勘，编修崇文总目，后知谏院。庆历三年（公元1043年），任右正言、知制诰。范仲淹、韩琦、富弼等人推行“庆历新政”，欧阳修参与革新，成为革新派干将，提出改革吏治、军事、贡举法等主张。但在守旧派的阻挠下，新政又遭失败。五年，范、韩、富等相继被贬，欧阳修上书分辩，因被贬为滁州（今安徽滁州）太守。欧阳修曾“历任三朝（仁宗、英宗、神宗），备位二府（枢府、政府）”，那是以后的事。

欧阳修来到滁州，很难说清究竟是蔚然深秀的琅琊景色激活了欧阳修的诗情，还是欧阳修的诗情使得琅琊景色更形娇媚，反正一篇士林盛誉的《醉翁亭记》在“与民同乐”的沉沉醉意中，在一颗生气勃勃的天地诗心中，自自然然地诞生了。

也许是那些“歌于途”、“休于树”的百姓们，太使欧阳修“乐其乐”了。他在文中一连用了10多个“乐”字和21个“也”字，这21个陈述句语气各别，运作又多转折，形成一唱三叹的吟咏调。文中竟然忘了自己春秋几何，以致“醒”后“述其文”时仍出现了如下的“醉笔”：“苍颜白发，颓然乎其间者，太守醉也。”

介于“醉”与“醒”之间的这种近于游戏的创作心态，也许是《醉翁亭记》能够垂范千古、万世生辉的奥妙所在。作为逐臣，欧阳修远离魏阙，融入民间，醉心山水，此时此地他不造作，不虚伪，不奉承，完全是一派天机，任性而发，只是称其心言之所欲言，而以唱叹出之，以天籁出之。他这一“醉”，竟“醉”出了一座声名赫赫的文化名亭，并在《醉翁

「琅琊古寺」

亭记》中定格为令一代又一代文人追慕不已的迷人风度。

历代文人墨客常来此寻古探幽。明嘉靖进士刑部尚书王世贞游醉翁亭后，曾感叹道：

古往今来知几年，醉翁耿耿姓名传。
我欲亭下渔且田，日卧醉翁文字边。

那位清代主持大修醉翁亭的全椒观察使薛时雨也写了一联：

踞石而饮，扣磬而歌，最难得梅边清福；
环山不孤，酿泉不冷，何须恋湖上风光？

醉翁亭楹联中，此副最好：

翁去八百年，醉乡犹在；
山行六七里，亭影不孤。

的确“亭影不孤”，欧阳修在滁州二年半时间，任期内他还兴建了丰乐亭和醒心亭。

丰乐亭在滁州市西丰山下，建于北宋庆历六年（公元1046年）。欧阳修在滁州感太平已久，物阜年丰，人民安乐，“使民知所以安此丰年之乐者，幸生无事之时也”，于是辟地建亭，命名“丰乐亭”。欧阳修常与滁人往游其间，并作《丰乐亭记》。《丰乐亭记》是《醉翁亭记》的姊妹篇，与“醉翁”的纡徐宛转、陶然忘机不同，“丰乐”则如黄钟大吕、铁板铜琶，风格纯朴，韵味醇厚，而两篇“与民共乐”的内核并无二致，都是古文中的经典名篇。亭中竖苏轼手书的《丰乐亭记》碑文，也是珍贵的“欧文苏书”，与醉翁亭碑记可称双璧

「丰乐亭」

醒心亭与丰乐亭相距很近，有曾巩所作《醒心亭记》详解：

滁州之西南，泉水之涯，欧阳公作州之二年，构亭曰“丰乐”，自为记，以见其名之义。既又丰乐之东，几百步，得山之高，构亭曰“醒心”，使巩记之。

后人有诗赞曰：千古文星一醉翁，三亭并立在滁中。与民共乐能忘我，且幸曾苏道亦同。

淮阴侯钓台

“兴汉三杰”之一的淮阴侯韩信（？—公元前196年），恐怕是两淮地区传闻最广的古人了。明人宋宜舜曾这样赞誉他：“江淮多侠士，上将数韩信。”

古城淮安有许多韩信的遗迹，如韩侯钓台、韩侯祠堂、漂母祠和胯下桥等，承载着少年韩信在故乡的不平凡经历。

汉韩侯祠位于淮安市镇淮楼东100多米的地方。韩侯祠创建甚早，唐诗中已有吟咏：“刘伶台下桃花晚，韩信庙前枫叶秋。”以前的规模颇大，包括大殿、中殿、前殿以及其他一些附属建筑。目前的规模远不及以往。祠堂坐北朝南，步入门楼，穿过庭院，即可来到祠堂大殿，殿前的廊柱上，悬挂着一副明人周燾撰写的楹联：

「韩侯祠」

莫数千里长淮，神留桑梓；
开四百年帝业，功冠萧曹。

萧曹为萧何、曹参的合称，二人均为辅佐刘邦称帝的开国功臣。立国后，先后为相。后常用作吟咏功臣的典故，如杜甫咏诸葛亮“指挥若定失萧曹”。兴汉三杰，论战功当然韩信第一。殿内置有韩信和侍从的塑像，韩信看上去很年轻，白面无须，虽身佩长剑，戎装打扮，但仍是一派儒将气质。左右武士，分持宝剑和印信，显得颇有威风。殿内的壁上，嵌有几块石刻，多记述与韩信有关的内容，祠内还悬有名家书写的楹联多副，其中脍炙人口的当推此联：

生死一知己；

存亡两妇人。

该联简明扼要地概括了韩信的一生：所谓“成也萧何，败也萧何”，岂非“生死一知己”也。“存亡两妇人”，存之者，识英雄之漂母；亡之者，汉高祖枕边人弄权者吕后也。

漂母祠位于古城西北、风光秀丽的古运河东侧，临近萧家湖，掩映在一片绿阴丛中。祠堂建筑规模不甚大，三楹瓦房和一小庭院，但却保存了田园风味。伫立祠前，东可远望萧家湖碧水蓝天的湖荡风光，西可纵观古运河往来如梭的舟樯帆影，别有一番情趣。

「漂母祠」

韩信少时家贫，衣食无着，不得不以钓鱼为生，垂钓所得无几，常常饿饭。当时曾得到一位浣纱（又云河边漂洗衣服）老年妇女的饮食恩赐。韩信深受感动，一次他对漂母说，以后一旦发迹，定当重重酬报。漂母听后十分生气地说：“作为一个堂堂的男儿，却不能自己养活自己。我是同情你才周济你的，难道是图你日后的报答吗？”

后人为了纪念这位善良、贤惠的妇女，便建祠塑像。漂母塑像，端坐平台，衣饰装束，一如农妇，质朴无华。两侧侍女，文静秀雅。祠内有明代淮安府刘大文等所撰楹联，颇耐人寻味：

人间岂少真男子；

千古无如此妇人。

一饭感韩信，巾帼丛中早把黄金轻粪土；

千古拜遗庙，淮流堤畔有谁青眼识英雄。

世态炎凉，千古无如此妇人，千百年来真不知感动了多少人。

张良未遇韩信贫，刘项存亡在两臣。

暂到下邳受兵略，来投漂母作主人。

这是李白在《猛虎行》中的感叹。“汉后无漂母，谁肯饭王孙。”李白《送薛九被谗去鲁》再次感叹韩信遇漂母的幸运与自己的不幸。

韩侯钓台，位于萧湖湖畔、漂母祠旁的林木掩映之中，为明万历年间

「韩侯钓台」

所建，清同治年间重修，相传为韩信钓鱼处。在该台正前方入口处竖有一牌坊，1间2柱，面阔3.2米，柱高4米，高3米处上有横坊，上书“钓鱼台”三字；台内立有一碑，高1.5米，正面镌有“韩侯钓台”四字，上有瓦檐。在碑西有一“千金亭”，占地12.25平方米，四边形，每边阔3.5米，四角上翘，亭高6米。钓台南边有乾隆御碑，碑的四角，四龙蟠柱，顶部为二龙戏珠，下镌“御碑”二字，碑上刻有乾隆题诗，其中有云：“洴澼絖人识俊雄，偶然一饭济途穷。丛祠不断故乡火，冻浦犹存沉钓风。”千金亭，是传说韩信功成名就、衣锦还乡后，以千金酬谢漂母之处。钓台西面运河堤边原有木质牌坊一座，上有明代状元沈坤所题“钓鱼台”三字，后毁于战火，现已修复。

胯下桥原在文渠之上，后河道几经变迁，该桥已无处可寻。现今城内兴文街与胯下桥交汇处，有一木制牌坊，上书“胯下桥”三字，传为韩信当年受胯下之辱的地方。后建牌坊于此，是为了纪念韩信忍辱负重、不记前仇、能屈能伸的大将风度。石刻上有文字：“淮阴屠中少年有侮信者，曰：‘若虽长大，好带刀剑，中情怯耳。’众辱之曰：‘信能死，刺我；不能死，出我胯下。’于是信孰视之，俛出胯下，蒲伏（同匍匐）。一市人皆笑信，以为怯。后，韩信为楚王，召辱己之少年令出胯下者以为楚中尉。告诸将相曰：‘此壮士也。方辱我时，我宁不能杀之邪？杀之无名，故忍而就于此。’”这是《史记·淮阴侯列传》上记载的韩信故事。李白曾多次引用此典：“淮阴市井笑韩信，汉朝公卿忌贾生。”（《行路难三首》之二）；“韩信在淮阴，少年相欺凌。屈体若无骨，壮心有所凭。”（《赠新平少年》）“岂无横腰刀，屈彼淮阴人。”（《鲁郡祠送张十四游河北》）

我国著名的钓鱼台古迹有三个，一是姜太公钓鱼台，二是严子陵钓鱼台，三是淮阴侯钓鱼台。

姜太公钓的是周文王；严先生钓的是高风；韩信是真的钓鱼充饥。三处钓台以韩信的境界最低，然而也最实在，而且留下了“漂母饭信”的千秋佳话。韩信是一个英雄，更是一个悲剧。宋人钱若水《题韩信庙》诗曰：“筑坛拜处恩虽厚，蹑足封时虑已深。隆准若知同鸟喙，将军应有五湖心。”这是吟咏韩信悲剧的最好诗篇。

长忆谢玄晖

宣城有座谢朓楼。它原为南朝齐代诗人、宣城太守谢玄晖故宅，在当年太守郡衙之后，位于陵阳山头、全城最高之处。谢玄晖自名其居曰：“高斋”。他在两年的太守任上，起居、理事、吟咏、写作，多在此斋。唐初，当地怀念诗人，在原址建二层高楼，俗名谢朓北楼，因位于州衙之北，取名“北楼”。登楼可北望敬亭山，故又俗称北望楼。

李白《秋登宣城谢朓楼》曰：

江城如画里，山晚望晴空。
两水夹明镜，双桥落彩虹。
人烟寒橘柚，秋色老梧桐。
谁念北楼上，临风怀谢公。

「谢朓楼」

从李白的视野可见谢朓楼的地形环境：踞山临水，高出凡尘。诗人登临其上，俯视宣城，将宣城四周山水和一派秋色尽收眼底。诗中的两水就是宛溪和句溪。宛溪绕城东至城东北一里许与句溪合流。句溪溪流回曲，因形如句字而名。至于双桥，就是凤凰桥和济川桥，一在城东南泰和门外，一在城东阳德洲，都系隋开皇中所建。在如此给人超越之感的高楼上，谢玄晖及后来的历代诗人学士写下许多脍炙人口的名篇佳句。

谢朓（公元464—499年），南朝齐代诗人，字玄晖，曾任宣城太守，又称谢宣城，陈郡阳夏（今河南太康附近）人。

「谢朓」

谢朓出身贵族，最初曾做南齐诸王幕下的参军、功曹、文学等官职，曾得到随王萧子隆、竞陵王萧子良的赏识，后来为明帝掌中书诏诰。公元495年出任宣城太守。两年后回朝任尚书吏部郎，不幸遭陷害、下狱而死，年仅36岁。谢朓与谢灵运同族，又先后齐名，所以有“小谢”之称。在谢朓短短的36年生涯中，宣城太守任上是他愉快的也是他最重要的一段时光。

宣城是当时的江南大郡，经济发达，又有敬亭、双溪等名胜，能出任这个大郡的太守，谢玄晖当然是愉快的。这可从他在赴任途中所写的《之宣城郡出新林浦向板桥》得到印证：

江路西南永，归流东北骛。
天际识归舟，云中辨江树。
旅思倦摇摇，孤游昔已屡。
既欢怀禄情，复协沧州趣。
嚣尘自兹隔，赏心于此遇。
虽无立豹姿，终隐南山雾。

“既欢怀禄情，复协沧州趣”等句，充分表现喜得外任的心情及出身士族的文人流连风光的生活情趣。诗中“天际识归舟”两句，写出天边疏淡的归帆远树，就像一幅萧疏淡远的水墨画，恬淡而又富于韵致。如是脍炙人口的佳句，在宣城笔下源源流出：“苍翠望寒山，峥嵘瞰平陆”（《冬日晚郡事隙》）；“余雪映青山，寒雾开白日，暧暧江村见，离离海树出”（《高斋视事》）；“寒城一以眺，平楚正苍然”（《宣城郡内登望》）；“窗中列远岫，庭际俯乔林。日出众鸟散，山瞑孤猿吟”（《郡内高斋闲望答吕法曹》）。

诗句清新自然，显然区别于他以前在建业、荆州写的诗篇，世族文人的藻绘流丽的色彩冲淡了，逐渐构成了他新的风格。谢玄晖的灵感不能不说得益于宣城的山水，他现存的二百余首诗歌中，有近四分之一的作品是在任宣城太守的时候写的，而他在此任上前后仅两年的时间。谢玄晖诗风格清俊，时出佳句。其山水诗既吸收谢灵运的细腻与逼真的长处，又摆脱了玄言的尾巴，开了唐诗先河。著名作品《晚登三山还望京邑》、《之宣城郡出新林浦向板桥》等，深得后人赞叹，“余霞散成绮，澄江静如练”等佳句绝唱对唐代诗人更是有着深远影响。

我国伟大现实主义诗人杜甫高度评价谢玄晖，在他的《寄岑嘉州》诗中曰：“谢朓每篇堪讽诵”。宋末著名文学评论家严羽在他的《沧浪诗话》中说：“谢朓之诗，已有全篇似唐人者，当观其集方知之。”充分肯定了谢玄晖对后世诗歌的巨大影响。胡应麟曰：“六朝句于唐人，在调不同而语相似者……俱谢玄晖诗也。”

李白《金陵城楼月下吟》：

月下沉吟久不归，古来相接眼中稀。
解道澄江静如练，令人长忆谢玄晖。

令李白长忆的是什么？除了谢玄晖那些清丽的诗句，或许还会有对谢玄晖不幸早逝的感叹与痛惜。李白多次来宣城登临谢朓楼，在此写了许多诗篇。李白在《宣州谢朓楼饯别校书叔云》一诗中曰：

弃我去者，昨日之日不可留；
乱我心者，今日之日多烦忧。
长空万里送秋雁，对此可以酣高楼。
蓬莱文章建安骨，中间小谢又清发。
俱怀逸兴壮思飞，欲上青天揽明月。
抽刀断水水更流，举杯消愁愁更愁。
人生在世不称意，明朝散发弄扁舟。

这首诗短短的12句，感情几次跳跃，起落无迹，断续无端，又一气呵成。诗人自比谢朓“俱怀逸兴壮思飞，欲上青天揽明月”，然而壮思欲飞，愁怀难排。“抽刀断水水更流，举杯消愁愁更愁”。然而李白毕竟是李白，

「怀谢亭」

即便如白发三千丈、抽刀斩不断的忧愁，在李白笔下还是那样豪放壮阔、潇洒飘逸，此地不称意，明朝弄扁舟，这比谢朓“常恐鹰隼击，时菊委严霜”的时时忧心、处处惊惧，当然不同。

在谢朓楼周围，先后建了众多亭阁，如“条风”、“迎春”、“清暑”、“怀谢”、“双溪”等，众星拱月，使谢朓楼更显雄奇、壮观。前来游赏者络绎不绝，题咏无数，仅地方志所选，历代有关谢朓楼的诗文就有数百篇，故史书有“独占江山谢朓楼”之说。宣城因此也成为著名的传统诗文之地：“宣城文雅地，谢守声闻融”（孟郊）；“宣城传逸韵，千载谁此响”（钱起）；“不用愁羁旅，宣城太守贤”（权德舆）。此楼历代不断修整，曾经改名为“叠嶂楼”，但人们追怀谢李，仍然以“谢朓楼”相称。谢朓作为天才诗人，受到梁武帝萧衍的赞赏：“三日不读谢（朓）诗，便觉口臭。”与之齐名的沈约赞叹：“二百年来无此诗也。”谢朓的诗，“圆美流转”，善于熔裁，时出警句，尤其善于熔炼首句。诸如：“朔风吹飞雨，萧条江上来”、“大江流日夜，客心悲未央”、“鱼戏新荷动，鸟散余花落”、“江南佳丽地，金陵帝王州”，等等。

1937年秋，谢朓楼被日军飞机炸毁，一度“过客难登谢朓楼”。解放后，这里建为烈士陵园。1997年，一座四檐高飞、曲径回廊、气势可观的新的谢朓楼在旧址之上重现。它笑对开元塔，俯牵宛溪水，雄踞闹市中心，尽览古城新貌。

至今思项羽

「乌江亭」

乌江亭，位于今安徽省和县东北的乌江浦。自古为一渡口，秦汉之时即设有亭长，是我国最早的驿亭之一。楚汉相争时，西楚霸王项羽在此兵败自尽，乌江亭由此闻名古今。

汉五年（公元前202年）年末，汉王刘邦撕毁与项羽在广武（今河南荥阳县东北）订立的以鸿沟为界的“楚河汉界”和约，与韩信、英布、彭越会师追击项羽。韩信在垓下（今安徽省灵璧县东南）设下十面埋伏，引诱项羽陷入重重包围，张良令汉军学唱楚国的歌曲，瓦解楚军斗志。项羽闻听四面楚歌，以为刘邦已尽取西楚，闷闷不乐地与美人虞姬对酒悲歌：“力拔山兮气盖世，时不利兮骓不逝。骓不逝兮可奈何，虞兮虞兮奈若何！”虞姬劝慰对唱道：“汉兵已略地，四方楚歌声。大王义气尽，贱妾何聊生！”遂拔剑自刎，后人称霸王别姬。虞姬死后，项羽带着仅存的八百江东子弟兵连夜突围。后有灌婴五千追兵，项羽南渡淮河，且战且走，一口气跑到乌江，这时项羽只剩下二十六骑。

司马迁《史记·项羽本纪》记载：

于是项王乃欲渡乌江。乌江亭长檥船待，谓项王曰：“江东虽小，地方千里，众数十万人，亦足王也。愿大王急渡。今独臣有船，汉军至，无以渡。”项王笑曰：“天之亡我，我何渡为！且籍与江东弟子八千人渡江而西，今无一人还，纵江东父兄怜而王我，我何面目见之？纵彼不言，籍独不愧于心乎？”乃谓亭长曰：“吾知公长者。吾骑此马五岁，所当无敌，尝一日行千里，不忍杀之，以赐公。”乃令骑皆下马步行，持短兵接战。独籍所杀汉军数百人。项王亦身被十余创，顾见汉骑司马吕马童，曰：“若非吾故人乎？”马童面之，指王翳曰：“此项王也。”项王乃曰：“吾闻汉购我头千金，邑万户，吾为若德。”乃自刎而死。

这是项羽乌江自刎的故事，正史记载，活灵活现。至于前面“霸王别姬”，别是别了，虞姬结果如何，不得而知。梅兰芳先生的《霸王别姬》凄美不忍仰视，只是后人的演绎；虞姬歌唱的“汉兵已略地”，如此成熟的五言诗似更不可能出自秦汉之交的虞美人之口。今安徽灵璧县城东有虞姬墓。后人咏《虞姬》诗曰：

肠断乌骓夜啸风，虞兮幽恨对重瞳。
黥彭甘受他年醢，饮剑何如楚帐中。

乌江在秦汉时为东城县的一个亭。按秦制：“大率十里一亭，亭有长；十亭一乡，……县大率方百里，其民稠则减，稀则旷，乡、亭亦如之。”

秦代乌江是长江下游的重要渡口，当年项梁、项羽率八千子弟渡江而西，应该是由乌江渡江的。后来兵败逃亡，又“乃欲东渡乌江”，应是老马识途了。

乌江亭，是一个由行政单位演化为楼台亭阁之“亭”的典型。

楚汉风云，波澜壮阔，英雄故事，荡气回肠。后人对于乌江、乌江亭、乌江浦、乌江项王庙的题咏不绝如缕，近乎车载斗量。

杜牧《题乌江亭》：

胜败兵家事不期，包羞忍耻是男儿。
江东子弟多才俊，卷土重来未可知。

是为项羽惋惜，还是为项羽设计呢？历史没有假设，诗人何妨假设呢？

王安石《乌江亭》：

百战疲劳壮士哀，中原一败势难回。
江东子弟今虽在，肯为君王卷土来？

王安石是政治家，政治家的冷静也许更接近历史的必然；但写诗不是写史。史欲冷峻，诗要温情。

唐代胡曾《乌江》：

争帝图王势已倾，八千兵散楚歌声。
乌江不是无船渡，耻向东吴再起兵。

与王安石的“大势已去”意思相近，但这里强调的是“人”，人家项羽不想卷土重来了，不想再打了，画一个句号吧！

清代阎尔梅《乌江浦》：

阴陵道左困英雄，骓马长嘶万里风。
成败何妨争面目，不随亭长过江东。

成败未可知，气节在人为，三军可夺帅也，匹夫不可夺志也。

清代汪绍焻《项王》：

骓马虞兮可奈何，汉军四面楚人歌。
乌江耻学鸿门遁，亭长无劳劝渡河。

项羽乌江自刎，刘邦鸿门逃遁，一个宁折不弯，一个委曲求全，胜者为王，败亦英雄。留待后人评说。

当然最好的诗，是李清照的《夏日绝句》：

生当作人杰，死亦为鬼雄。
至今思项羽，不肯过江东。

陆游《秋晚杂兴》，连题目都学李清照：

逐鹿心虽壮，乘骓势已穷。
终全盖世气，绝意走江东。

钱穆先生论赞项羽“乌江自刎”：“临终慷慨，此情此义亦可长留天地间，获后世之同情矣。此亦一成功，非失败。”

金陵王气 风雨楼台

钟山龙蟠，石城虎踞，金陵自古为帝王之州。六朝繁华随流水，三国遗迹话孙刘。西楚一时雄，彭城千古秀。从戏马台到歌风台，从凤凰台到雨花台，江南的楼台亭阁无不浸透历史的风雨，有的早已消散于苍茫水云间，只存遗址和空名。纵是“凤去台空江自流”，而仍然令人“独来惆怅水云中”。

戏马与歌风

“西楚一时雄，彭城千古秀。”戏马台位于徐州市中心区户部山最高处，原是徐州最负盛名的古迹之一。公元前206年，盖世英雄项羽灭秦后，于同年农历四月大会诸侯，分封十八王，自立为西楚霸王，定都彭城（今徐州），于城南山上，因山为台，以观戏马、演武和阅兵等，故名戏马台。

「戏马台」

苏轼论戏马台云：

城三面阻水，楼堞之下以汴泗为池，独其南可通车马，而戏马台在焉，其高十仞，广袤百步。若用武之世，屯千人其上，聚垒木炮石凡战守之具，以与城相表里，而积三年粮于城中，虽用十万人不易取也。

历代在台上营建了不少建筑物，诸如台头寺、三义庙、名宦祠、聚硅书院、耸翠山房等。戏马台重建于1985年，占地15000平方米，建筑面积4000余平方米，整个景区以风云阁为中心，分为前后两个区域。

戏马台布局依山岗地形，逐步上递，错落有致。经山门，照壁上有“拔山盖世”篆刻大字。东侧高台基上，置有铜铸巨鼎一座，上镌“霸业雄风”。鼎呈长方形，双耳四足，重6500千克，高2.25米，长1.91米，宽1.51米。鼎腹铸有《戏马台鼎铭》文一篇。一道琉璃瓦檐赭墙，连接东面两处古朴典雅的四合院。

东院称“楚室生春”院，由穿廊、雄风殿和东西配殿组成。殿前立有西楚霸王项羽的石雕像，高2.85米，顶盔贯甲，足踏岩石，迎风而立。雄风殿为“楚室生春”院正殿，殿前卷棚抱厦的两根蟠龙柱，系珍贵文物，是戏马台建筑群中留存的古老构件之一，雕工粗犷，造型生动。雄风殿后壁上嵌有一组“西楚春秋”壁画，长14米，高1.3米，再现了项羽英勇悲壮的一生。

西院为“秋风戏马”院。戏马堂是该院的主殿，堂周环以回廊，24

根丹柱绕堂排立，四壁为雕花窗棂。堂中屏风为“秋风戏马”图，反映当年项羽在虞姬陪侍下，观看士卒驰马操练的场景。东配殿的壁画，由144块大小不等的正方形和长方形砖坯雕刻而成。项庄舞剑画面，描述了当年鸿门宴的紧张气氛。西配殿的大型壁画，勾勒了兵败垓下后霸王诀别爱姬的离愁场景。

风云阁是戏马台景区的标志性建筑，又名戏马台碑亭，亭中间是明代万历年间徐州兵备右参政莫与齐所书写的“戏马台”三字，石碑背面为明宣德八年（公元1433年）十月刻《徐州重建儒学记》。戏马台碑亭始建于清道光二十八年（公元1848年），碑亭按江南园林风格设计，双层六角飞檐。1979年曾重修，1986年再一次重修并加高0.5米。遥想两千多年前，西楚霸王项羽端坐在这里观看山下的将士戏马操练，戏马台名称由此而来，后人又称点将台、项王台。项羽的西楚王宫在正前方500米左右的地方，也就是今天的徐州彭城一号。

「风云阁」

重九台位于戏马台顶、风云阁后。地势高峻，登台四望，古城尽入眼帘。据《南齐书》记载，宋武帝刘裕篡晋建立王朝前，于九月初九重阳节期间骑马登项羽戏马台，即位后规定九月初九为骑马射箭、检阅军队的日子。相传，现在流行九月初九吃的重阳糕，就是从刘裕当年发给三军将士的干粮演化而来的。

戏马堂后，顺西墙向北为一斜坡，依山就势建一长廊，沿台之北缘向东至乌骓槽，长约百米，称为百米长廊。长廊以古来咏戏马台诗词、今人书家笔迹勒石镶壁，如李可染、舒同、启功、尉天池、沙孟海等当代书画大师的珍品陈列其间，为戏马台增添了雅韵。

碑廊西北角陈列一块观赏石，名为“啸天石”，又叫“人杰鬼雄石”。从南侧看是将军仰天长啸的雄姿，从北侧看则是一巨型鬼脸。李清照《夏日绝句》：“生当作人杰，死亦为鬼雄。至今思项羽，不肯过江东。”人杰鬼雄石，既是项羽人生的写照，也是李清照诗意的再现。

碑廊中段设追胜轩，陈列9幅线雕人物像，分别是历代登临过戏马

「戏马台碑廊」

台的著名人物。戏马台东北部是一处凹地，有西楚霸王系马桩和乌骓槽。原系马桩上书“大清嘉庆楚霸王系马桩”，因年代久远，石桩已毁。如今系马桩是根据原样复制的。乌骓槽原存于铜山三堡，为明代驿站所用。墙上四个大字“骓骋云从”，是楚霸王所乘骑之乌骓马的赞歌。

历代诗人墨客登台凭吊，发怀古幽情。宋代吕定《咏戏马台》诗曰：

英雄事往人何在，寂寞台空草自生。

元代陈孚《徐州诗》曰：

尚想巍台上，铁槊拥万马。
酒酣笳鼓鸣，旌旗蔽原野。
及今亦何有，荒棘秋满把。

明代方孝孺的《咏戏马台》诗尤显沉痛：

盖世英雄酒一杯，悲歌只使后人哀。
生平费尽屠龙技，今日空留戏马台。

文天祥《戏马台》诗曰：

九月初九日，客游戏马台。
黄花弄朝露，古人化飞埃。
今人哀后人，后人复今哀。
世事那可及，泪落茱萸杯。

徐州有戏马台，沛县又有“歌风台”。戏马歌风思楚汉，刘项原来是一家。

观《史记》“项羽本纪”和“高祖本纪”，太史公是有意将这两个巨人对比着写的。当秦始皇帝游会稽，渡浙江，项梁与项羽一齐看热闹，项羽对叔父说：“彼可取而代也。”至于刘邦，到咸阳服徭役，放眼远望，望见秦始皇帝，然后喟然太息曰：“嗟乎，大丈夫当如此也！”只此两句，项羽、刘邦二人的神形气概乃至以后的命运都勾画出来了。

项羽力能举鼎，才气过人；刘邦好酒及色，而爱人喜施，意豁如也。

项羽有《垓下歌》：

力拔山兮气盖世，时不利兮骓不逝。
骓不逝兮可奈何，虞兮虞兮奈若何！

刘邦有《大风歌》：

大风起兮云飞扬，
威加海内兮归故乡，
安得猛士兮守四方。

《垓下歌》慷慨悲凉，是英雄末路的浩叹；《大风歌》气魄宏伟，既有志得意满，也有居安思危，不愧王者之风。

汉高祖十二年（公元前 195 年）十月，刘邦平定了淮南王黥布的反叛后，班师回长安。路过故里时，召集父老乡亲欢宴于行宫。高祖还归，过沛，留。置酒沛宫，悉召故人父老子弟纵酒，发沛中儿得百二十人，教之歌。酒酣，高祖击筑，自为歌诗曰："大风起兮云飞扬，威加海内兮归故乡，安得猛士兮守四方！"令儿皆和习之。高祖乃起舞，慷慨伤怀，泣数行下。谓沛父兄曰：'游子悲故乡。吾虽都关中，万岁后吾魂魄犹乐思沛。'……

刘邦离去后，乡人即于行宫前筑"歌风台"以为纪念。后人在台上树立了歌风碑。如今重建的"歌风台"上，有汉代"歌风碑"和元代摹刻碑各一块。碑文篆写为古文体，仍清晰可辨。原相传为汉代曹喜所书，《乾隆徐州府志》又说为东汉蔡邕所书，难以详考。元代摹刻碑略小于原碑，字迹神似。此外还有今人所立歌风碑一块，碑上有"歌风亭"覆盖。

「歌风台」

"云归尚识真人气，风起犹闻猛士歌。"历代帝王诗写得好的有几位，如汉武帝、曹氏父子，据说乾隆皇帝一生写了几万首诗，数量可称冠军。可是刘邦一个泗水亭长，出身草莽，就这首《大风歌》，肯定不亚于汉武帝的《秋风辞》，比之魏武曹操的《观沧海》，或不及其苍凉沉雄，而气魄实为过之；至于乾隆皇帝诗，有量无质，只落"遗风"之讥。清袁子才咏歌风台诗云：

高台击筑记英雄，马上归来句亦工。
一代君民酣饮后，千年魂魄故乡中。
青天弓剑无留影，落日河山有大风。
百二十人飘散尽，满村牧笛是歌童。

歌风台不远处，又有吕布射戟台。是后人为纪念吕布消弭战祸的义举而修建的。射戟台实际上是一座亭子。亭子占地不足10平方米，青瓦覆顶，六角飞檐，弯弯翘起，飞檐的尖头直刺青天，使人立刻想起吕布“辕门射戟”的一个“射”字。亭子由6根红木抱柱支撑，檐顶与抱柱之间，用木格雕饰来过渡。整个亭子典雅优美，古朴天然。亭子正中的汉白玉基座上，矗立着一通清乾隆年间的古碑，碑上有墨底阴文“射戟台”三个大字，笔酣墨饱，遒劲有力。亭子正中两根抱柱上有对联云：“一弦飞矢鸣画戟；十万雄兵卸征衣。”

碧血雨花台

雨花台位于南京城南中华门外。它的闻名遐迩，自然是因为此地出产神奇瑰丽的雨花石，还有高僧讲经，感动上天，落花如雨的传说，更有无数先烈用鲜血和生命在这里铸起了巍峨的精神丰碑，令人想到苌弘化碧，望帝啼鹃，忠心悬日月，义气薄云天。

雨花台在古时的地域范围较广，包括今天的中华门外的戚家山、雨花台、邓府山、石子冈一带。雨花台有三座山峰，高度约在55米至65米之间。因山峰顶部均呈平台状，故以“台”名。雨花台地名在汉末称为“长陵”，又名“成子冈”或“石子冈”。三国东吴时称“聚宝山”、“玛瑙冈”，因山上盛产五彩斑石而得名。在两三百万年以前，古长江及秦淮河将从上游冲刷下来的大墨砾石沉积在这一地区。 随着地壳的变动，河床逐渐上升为山冈，就成了今天的雨花台。

「雨花台」

人们通常所称的雨花台，包括中冈和东冈。中冈为主峰，叫凤凰山，以附近有凤凰台而得名。东南之峰，称东冈台或东冈。东晋时，豫章内史梅赜屯兵于此防胡人入侵，有功于东晋，故东冈又叫“梅赜冈”。还有一西冈在安德门外，称石子冈，又叫劳劳山，山上有著名的劳劳亭，东吴时修建，为古代送别之所。此亭题诗甚多，著名的有李白《劳劳亭诗》：

天下伤心处，劳劳送客亭。
春风知别苦，不遣柳条青。

另说“雨花石”为东吴时一位印度高僧拜求而来。当年，孙权改建业为国都后，一位印度高僧准备在长干桥边建一座阿育王寺。孙权不知佛教是怎么回事，派人把高僧抓起来。高僧向孙权大讲佛法，并说自己曾得到佛祖释迦牟尼的传授，能求到珍贵的佛宝舍利子。孙权半信半疑，便以七天为限，让他求舍利子。真能求到，可以建寺；不能求到，就要杀头。于是，高僧在南面石山上搭了一个台，日夜在台上祈拜天地，求舍利子。第七天夜里，下了一阵石头雨，没有舍利子。后宽限了七天，依然没有舍利子，高僧再求宽限。第三个七天，已近午夜，天上忽然“哗啦啦”落下一层舍利子。孙权这才同意建寺。高僧求舍利子的山冈从此有了各种五颜六色的石子，山冈便名石子冈，后改为“雨花台”，石子名为“雨花石”。

“雨花台”这一称谓始于唐朝。自东吴至南北朝时，这一带寺庙众多，香烟缭绕，“南朝四百八十寺，多少楼台烟雨中。”相传南朝梁武帝时，高僧云光法师在此设台讲经，精诚感天，落花如雨，坠地化为五彩砾石。后人称讲经之台为雨花台，称玛瑙石为雨花石。

雨花台，“其旁冢累累，其下藏碧血”，有不少殉难者的遗迹。西北山麓，有南宋抗金英雄杨邦乂剖心处。

杨邦乂，字希谡，北宋进士，曾任溧阳知县、建康府判。宋建炎三年（公元1129年），金兵攻占建康，留守杜充投降，杨邦乂被俘。金帅完颜宗弼（兀术）诱他投降，杨大骂不从。金兀术恼羞成怒，将其“剖腹除心”杀害。杨邦乂被害后，原葬今雨花台路北端，1975年移此。

山北有明代方孝孺墓。建文年间，方孝孺为侍讲学士。燕王朱棣以武力夺位，自立为帝（即明成祖），召方孝孺起草诏书。“正学麻衣陛见，执笔书一‘篡’字，曰：‘万世后，脱不得此字’。”“成祖遂夷其九族，更夷师友一族，以足十族之数，谓之‘瓜蔓抄’。”（清褚人获《坚瓠集》续集卷二）相传其学生拾遗骨葬此。现在的墓是清同治年间建的衣冠冢，有碑“明方正学先生之墓”。

新中国成立前，雨花台成为刑场，野草丛生，满目凄凉。1927 年，蒋介石叛变革命，在南京建立反动统治政权，这里又成为国民党反动派的屠杀场。在 20 多年里，有近十万共产党人和爱国志士在这里牺牲了他们的生命。雨花台的一卵一石、一草一木都浸透了先烈的热血。

新中国成立后，人民政府在雨花台建起了革命烈士陵园。步入园门，迎面是一座巨型烈士雕塑群像，九位烈士屹立在青松扶拥之中，肃穆悲壮。塑像由 179 块花岗石拼镶而成，这是我国解放以来建造的全国最大花岗石雕像群。

雨花台顶峰耸立着革命烈士纪念碑，碑上镌刻毛泽东主席题写的“死难烈士万岁”6 个大字。此处可以看到台下北、西、东三处烈士殉难处遗迹。当年，无数先烈在此英勇就义，如今，这里雪松挺拔，水杉笔直，玉兰皎洁，象征死难烈士的高尚情操和坚贞不屈的品质。

距纪念碑不远，是一座两层的古式建筑，这是雨花台烈士纪念馆。馆内陈列着 127 位雨花台烈士的事迹，还有他们生前与反动派英勇斗争时留下的遗物。死难烈士中著名的有恽代英、邓中夏、罗登贤、郭纲琳、何葆珍、毛福轩、侯绍裘、卢志英、黄励等。雨花台四周苍松翠柏，浓荫蔽日，芳草铺地，碧绿如茵。远眺市区，高楼大厦，栉比耸立，绿树掩映，风景如画。雨花台烈士的英灵永在，浩气长存。

登雨花台望大江，也许只有明初大诗人高启的诗才称其气势：

大江来从万山中，山势尽与江流东。
钟山如龙独西上，欲破巨浪乘长风。
江山相雄不相让，形胜争夸天下壮。
秦皇空此瘗黄金，佳气葱葱至今王。
我怀郁郁何由开，酒酣走上城南台。
坐觉苍茫万古意，远自荒烟落日之中来。

石头城下涛声怒，武骑千群谁敢渡？
黄旗入洛竟何祥？铁锁横江未为固。
前三国，后六朝，草生宫阙何萧萧！
英雄来时务割据，几度战血流寒潮。
我今幸逢圣人起南国，祸乱初平事休息。
从今四海永为家，不用长江限南北。

先烈的碧血，诗人的绝唱，凝聚为雨花台苍茫万古绵绵不尽的浩气、壮气与豪气。

何处望神州

「多景楼」

多景楼，位于镇江北固山上甘露寺北，相传是当年“吴国太佛寺看新郎”的所在。北固山，三面临水，陡峭挺拔，形势险固。南朝梁武帝登临此山，曾有“天下第一江山”之誉。清代余京《北固山怀古》诗曰：“北固嵯峨枕碧流，登临霸迹忆孙刘。百年戎马三分国，千古江山一倚楼。”宋代著名书画家米芾《净名斋记》云：“东北极海野，西南朝楼山者，谓之多景。”多景楼因此被誉为“天下江山第一楼”。

甘露寺与多景楼的著名，是与“刘备招亲”的故事分不开的。多景楼相传是刘备夫人、孙权妹妹尚香的梳妆楼，又称相婿楼。此处景色绝佳，苏东坡赞曰：“润州甘露寺多景楼，天下之殊景也。”自北宋以来，文人雅士来此登临，题咏颇多。曾巩《多景楼》诗是佳作之一：

欲收嘉景此楼中，徙倚阑干四望通。
云乱水光浮紫翠，天含山气入青红。
一川钟呗淮南月，万里帆樯海外风。
老去衣襟尘土在，只将心目羡冥鸿。

曾巩诗只是客观描摹出多景楼的胜景伟观，表现了一种心与道俱的高旷自得的情怀，至于三国故事、孙刘联姻则寻不出一丝痕迹。

陆游《水调歌头·多景楼》又是一番情怀，显然与时代背景和诗人的身世不同有关：

江左占形胜，最数古徐州。远山如画佳处，缥缈著危楼。鼓角临风悲壮，烽火临空明灭，往事忆孙刘。千里曜戈甲，万灶宿貔貅。

露沾草，风落木，岁方秋。使君宏放谈笑，说尽古今愁。不见襄阳登览，磨灭游人无数，遗恨黯难收。叔子独千载，名与汉江流。

诗人忆孙刘往事，叹中原沦陷，正是，胡未灭，鬓先秋。想到晋时羊祜（字叔子），镇荆襄时常到岘山置酒言咏。一次，羊祜对同游者喟然叹曰："自有宇宙，便有此山，由来贤达胜士登此望远如我与卿者多矣，皆湮灭无闻，使人悲伤！"羊祜生前有政绩，襄阳百姓于岘山建庙立碑，"岁时飨祭焉，望其碑者，莫不流涕。"陆游登多景楼怀古伤情，抒发的依然是建功立业，恢复中原的壮志豪情。

如今登多景楼朝东远眺，滔滔长江，烟波浩渺，焦山宛如碧玉，漂浮其上；回眸西顾，峰峦逶迤，叠紫耸翠，与蓝天融为一体，令人心旷神怡。

多景楼之东，北固山最高处有一方亭，名曰凌云亭，又名摩天亭。相传，当年孙夫人被骗回娘家，再未返蜀。后吴蜀交恶，刘备兵败，于白帝城忧郁而死。孙夫人闻讯后，登此亭祭拜丈夫。因此，又称"祭江亭"。

在祭江亭遗址，后人又建北固亭。《读史方舆纪要》载："北固山在镇江城北一里，下临长江，三面滨水，回岭斗绝，势最险固。晋蔡谟起楼其上，以贮军实，谢安复营葺之，即所谓北固楼，亦曰北固亭。大同十年（公元544年），武帝改名北顾。"南宋嘉泰三年（公元1203年）春，主战派首领韩侂胄（公元1152—公元1207年）执掌朝政，起用一批坚决抗金的老臣，其中有闲居20年的辛弃疾，但他年事已高，仅被任命为镇江知府。嘉泰四年（公元1204年）三月，辛弃疾到任。他登临北固亭，写下了千古名篇《永遇乐·京口北固亭怀古》：

「祭江亭」

千古江山，英雄无觅、孙仲谋处。舞榭歌台，风流总被，雨打风吹去。斜阳草树，寻常巷陌，人道寄奴曾住。想当年，金戈铁马，气吞万里如虎。

元嘉草草，封狼居胥，赢得仓皇北顾。四十三年，望中犹记，烽火扬州路。可堪回首，佛狸祠下，一片神鸦社鼓。凭谁问：廉颇老矣，尚能饭否？

辛弃疾在北固亭上追述孙权固守江东和刘裕（小名寄奴）北伐中原的故事，表达对古代抗敌人物的崇敬，同时引宋文帝因贸然出兵而导致失败的史实，暗示自己不同意韩侂胄目下正在准备的草率北伐，最后以自己的处境和古代的廉颇相比，流露出对时局的忧愤和悲慨。此词苍劲悲凉，豪视一世，用典多而切合时地。明代杨慎说："辛词当以京口北固亭怀古《永遇乐》为第一。"

同年同地，辛弃疾又写了一篇《南乡子·登京口北固亭有怀》：

何处望神州？满眼风光北固楼。
千古兴亡多少事，悠悠。不尽长江滚滚流。
年少万兜鍪，坐断东南战未休。
天下英雄谁敌手？曹刘。生子当如孙仲谋。

这首"南乡子"与前面的"永遇乐"词意近似，对恢复中原的渴望，对古代英雄的缅怀，慷慨激昂而又沉郁苍凉。只是这一首的态度语气更沉痛、更决绝，对于奉行投降政策的统治者几乎是指着鼻子喝骂了。曹操曾对左右称赞孙权曰："生子当如孙仲谋！若刘景升儿子，豚犬耳！"辛弃疾此词的结句，可谓无声胜有声。

甘露寺大约沾了小说戏曲的光，依旧香火旺盛；多景楼相传曾经"龙凤呈祥"，游人亦然趋之若鹜；祭江亭曾被康有为改名为"江山第一亭"，如今仍旧还原为"祭江亭"。唯有北固亭、赏心亭昙花一见，湮没无闻，重现无期，人们来北固山登临览胜，抚今追昔，只好寄情于稼轩词。

云龙放鹤亭

江苏省徐州市南郊云龙山上，有放鹤亭。古书记载：云龙山"山有云气，蜿蜒如龙"，因而名之为云龙山。明代董其昌《重修云龙山放鹤亭记》碑

「放鹤亭」

云："按史记，秦始皇东游厌王气，汉高祖心自疑，避匿山中。吕后辄得之，曰：'季所居有云成五彩'云。而赤帝子斩白帝子，盖龙德也。彭城之有云龙山，其得名当以此。"但是，《史记·高祖本纪》中写的是高祖"隐于芒砀山泽岩石之间"。清代《江南通志》卷十四说"朱泽民谓：宋武帝微时憩息此山，有云气环绕之异"，又把汉高祖刘邦换成了南朝宋武帝刘裕。有古诗云：

西南妖娆来神龙，奔腾欲赴大瀛东。

罡风一吹化作石，坠落彭门成古峰。

云龙山有九节山头，长达三公里，山势蜿蜒，又有"九节龙"之称。第一节山头为古建筑集中地。山上巨石嶙峋，林壑幽美. 松柏葱郁，楼台掩映。从北麓往左登达山顶，便来到门额题为"张山人故址"的庭院，庭院东侧便是放鹤亭。亭飞檐丹楹，别致精美。旁有饮鹤泉，往南十多米处还有一座"招鹤亭"。

张山人，即北宋隐士张天骥，字圣涂，自号云龙山人。好读书、花木及音乐，崇信道家哲学。张天骥隐居于云龙山，躬耕于山西黄茅冈上。宋神宗元丰元年（公元 1078 年），张天骥建放鹤亭，驯养了两只仙鹤，清晨日出时登亭放鹤，黄昏日落时在亭招鹤，颇得隐居之乐。苏轼任徐州知州时，与张天骥十分投洽，曾写下《游张山人园》、《访张山人得山中字二首》等诗。更有《放鹤亭记》述其事：

熙宁十年秋，彭城大水。云龙山人张君之草堂，水及其半扉。明年春，水落，迁于故居之东，东山之麓。升高而望，得异境焉，作亭于其上。彭城之山，冈岭四合，隐然如大环，独缺其西一面，而山人之亭，适当其缺。春夏之交，草木际天，秋冬雪月，千里一色，风雨晦明之间，俯仰百变。山人有二鹤，甚驯而善飞，旦则望西山之缺而放焉，纵其所如，或立于陂田，或翔于云表；暮则傃东山而归。故名之曰放鹤亭。郡守苏轼，时从宾佐僚吏，往见山人，饮酒于斯亭而乐之。挹山人而告之曰：子知隐居之乐乎，虽南面之君，未可与易也。易曰：鸣鹤在阴，其子和之。诗曰：鹤鸣于九皋，声闻于天。盖其为物清远闲放，超然于尘垢之外，故易诗人以比贤人君子。隐德之士，狎而玩之，宜若有益而无损者，然卫懿公好鹤则亡其国。周公作酒诰，卫武公作抑戒，以为荒惑败乱，无若酒者，而刘伶阮籍之徒，以此全其真而名后世。嗟夫，南面之君，虽清远闲放如鹤者，犹不得好，好之则亡其国。而山林遁世之士，虽荒惑败乱如酒者，犹不能为害，而况鹤乎。由此观之，其为乐未可以同日而语也。山人欣然而笑曰：有是哉。乃作放鹤招鹤之歌曰：鹤飞去兮西山之缺，高翔而下览兮择所适。翻然敛翼，宛将集兮，忽何所见，矫然而复击。独终日于涧谷之间兮，啄苍苔而履白石。鹤归来兮东山之阴，其下有人兮，黄冠草履，葛衣而鼓琴。躬耕而食兮，其余以汝饱，归来归来兮，西山不可以久留。

这是一曲隐逸生活的赞歌，真是“虽南面之君，未可与易也”。当年，苏轼常常带着宾客、同僚乃至歌伎到放鹤亭来饮酒，张山人也“惯作酒伴”。苏轼每每大醉而归。有一天，他与众多好友登上黄茅冈，由于饮酒过量，苏轼醉眼蒙眬，眼前满冈的乱石似乎成了一群群白羊。后来他实在支持不住，就在冈头一块大石上躺卧下来，路人见之则大笑。苏轼醒后因留下《登云龙山》一首：

醉中走上黄茅冈，满山乱石如群羊。
冈头醉倒石作床。
仰看白云天茫茫，歌声落谷秋风长。
路人举首东南望，拍手大笑使君狂。

诗只七句，不拘格式，醉态可玩，狂放不羁，很能体现东坡风貌。苏轼醉卧的石床实际是一座天然长方形石台，高 175 米，长 33 米，宽 13 米，其右角镌“石床”二字，以记东坡当年之醉卧放歌。

苏轼《放鹤亭记》使云龙山和放鹤亭名播海内。北宋神宗元丰二年（公元 1079 年），苏轼的同乡张师厚到京城开封殿试应考，路过徐州，苏轼陪同好友游览云龙山之后，便在放鹤亭为同乡饯行，并写下了《送蜀人张师厚赴殿试》诗：

云龙山下试春衣，放鹤亭前送落晖。
一色杏花三十里，新郎君去马如飞。

从公元 1751 至 1784 年，清朝乾隆皇帝曾六次南巡，其中有四次来到徐州，当时迎接圣驾的行宫便建在云龙山北侧。这位风流天子对放鹤亭情有独钟，不仅亲笔书写了苏轼的《放鹤亭记》，还作了一首《放鹤亭歌》，有“青山绿水古徐州，黄河之水东南流”之句。放鹤亭曾多次重建，1979年又加整修，并将原来悬挂的乾隆所书“放鹤亭”匾额改用苏轼笔迹重制。

放鹤亭南的“招鹤亭”，是后人根据苏轼《放鹤亭记》中的“招鹤歌”而增建。两亭之间的饮鹤泉旧时为“自然液水”，《太平寰宇记》载此泉“虽雨旱无增减。或云饮之可愈疾。时有云气出其中，去地七百余尺”。可惜如今已枯涸。

濯足在沧浪

沧浪亭为苏州现存最古老的园林。园林而以“亭”名，是很少有的，这是因为园林中有沧浪亭的缘故。亭以园而增胜，园以亭而名世。

沧浪亭在苏州城南盘门内三元坊现人民路东巷。一说原为五代吴越广陵王钱元瓘池馆，一说是钱氏近戚吴越中吴军节度使孙承佑的别墅。

北宋庆历年间，诗人苏舜钦弃官流寓苏州，买此旧园，有感于《孟子·离娄》孺子歌“沧浪之水清兮，可以濯吾缨”之意，傍水建沧浪亭，并赋《沧浪亭记》题写园景，自号沧浪翁，寓居园中。后几易其主，南宋抗金名将韩世忠曾扩建居住园中，时称“韩园”。元、明二代为妙隐庵、大云庵所在。明嘉靖年间苏州知府胡缵宗为纪念韩世忠，改庵为韩蕲王祠。文瑛和尚于庵旁重建沧浪亭。韩蕲王祠后名苏公祠、五百名贤祠。

明代散文家归有光有《沧浪亭记》一文，记叙了沧浪亭的“古今之变，朝市改易”。其文曰：

浮图文瑛，居大云庵，环水，即苏子美沧浪亭地也。亟求余作沧浪亭记。曰：苏子美之记，记亭之胜也，请子记吾所以为亭者。余曰：昔吴越有国时，广陵王镇吴中，治园于子城之西南，其外戚孙承佑，亦治园于其偏，迨淮南纳土，此园不废。苏子美始建沧浪亭，最后禅者居之，此沧浪亭为大云庵也。有庵以来二百年，文瑛寻古遗事，复子美之构于荒残灭没之余。此大云庵为沧浪亭也。夫古今之变，朝市改易。尝登姑苏之台，望五湖之渺茫，群山之苍翠，太伯虞仲之所建，阖闾夫差之所争，子胥种蠡之所经营，今皆无有矣，庵与亭何为者哉。虽然，钱镠因乱攘窃，保有吴越，国富兵强，垂及四世，诸子姻戚，乘时奢僭，宫馆苑囿，极一时之盛，而子美之亭，乃为释子所钦重如此。可以见士之欲垂名于千载，不与澌然而俱尽者，则有在矣。文瑛读书喜诗，与吾徒游，呼之为沧浪僧云。

一会儿是沧浪亭，一会儿是大云庵，这多少透露出江南楼台登临之胜与庙宇道观相沿相替的渊源关系，而能够流传下来的毕竟还是“沧浪亭”。

沧浪亭为典型的宋代园林建筑，全园面积10800平方米，以假山为中心，“崇阜广水”，上建“沧浪亭”。建筑艺术妙在于山水之间筑一复廊，园内园外相互映衬，更显山林幽旷、野水回环之趣。园中古树老藤，竹石花草，颇富深山幽谷之意境。园门前石桥临水，沧浪亭外池沼澄清，透过园墙漏窗，愈显古朴清幽。园南有韩世忠所建明道堂，为园内最大建筑物。堂内置有苏州三块宝碑——天文图、地理图、平江图（原碑珍藏于苏州博物馆）的拓片。堂北有五百名贤祠，内置594幅历史名人石刻画像，并附传记，为清道光年间顾湘舟主持绘刻。顾氏综合史籍、谱牒等文物史料，融绘画艺术与石刻技艺于笔端刀尖，勾摹出周代至清中叶与苏州有关的名贤画像，其仪表、服饰各异，神态、风貌相殊。名贤刻像之一况钟，曾任苏州知府13年，多有政绩，石刻记曰：“法行民乐，任留殃迁；青天之誉，公无愧焉。”昆剧《十五贯》曾风靡全国，“况青天”妇孺皆知。

全园共有石刻34处，700余方，堪称碑刻艺术之园，其中以《沧浪亭图》最有特色。

园之最南部有看山楼，建于假山洞屋之上，楼下石屋额匾“印心石屋”为清道光帝所书，取自佛语：“衣以表信，法乃印心。”洞门上有林则徐书“园灵证盟”四字额。传说有对妙龄男女在园中以种花为业，常于花前月下互诉恋情。花霸得知，贪女貌美想娶其为妾。而他俩矢志相爱，在树叶上圈画心形图案互相赠勉。后双双化作彩鸟飞去。

「沧浪亭」

在这个文人吟咏流连之所，历代流传着不少有关苏舜钦的美谈。苏舜钦（公元1008—1048年），字子美，梓州铜山（今四川中江东南）人。随父居开封，由范仲淹荐为集贤殿校理、监进奏院。因其岳父杜衍与范仲淹等人欲行新政被弹劾，便连坐放废后寓居苏州，修建沧浪亭，发愤读书，与民交好。其诗豪放，揭露时弊，著有《苏学士文集》。“沧浪亭”之名是与苏舜钦的名字连在一起的。

相传宋庆历年间一日，苏舜钦在苏州南园散步时向一老渔翁打探，得知残破的荒园为五代广陵王庄园，便用四万铜钿买下作宅。他经老翁指点，请人从东池挖出太湖石砌成假山，筑亭于上，取名“沧浪亭”。

事后苏舜钦并修书一封，邀欧阳修为亭作联。子美欣赏欧阳修所题“清风明月本无价”的上联并悬于亭柱，而将“可惜只卖四万钱”的下联搁于案头。前来鉴赏续联的人络绎不绝，但一直没有佳对。

几年后的一个夏日，子美久病初愈，请那老渔翁前来观亭饮酒，品尝门生好友送来的鱼鲜果品。子美感慨万端，吟出“东出盘门刮眼明，萧萧疏雨更阴晴。绿杨白鹭俱自得，近水远山皆有情”的诗句。渔翁听罢拍案叫绝：“相公，这亭联的补白已被你言中了。”苏子美眉头一蹙忽又舒展：“唔，我这病体多亏乡邻父老惦念照料，真乃‘近水远山皆有情’矣！”遂挥毫将补书下联之意写与欧阳修。从滁州赶来续补下联的欧阳修望着沧浪亭挂的手书联对，叹曰：“子美虽少了一顶乌纱，却多了泱泱好友，可幸可贵。”

另说，欧阳修曾作《沧浪亭》诗与苏子美《过苏州》诗唱和。欧诗“清风明月本无价”与苏诗“近水远（一作“遥”）山皆有情”两句并成珠联璧合的亭联。论理，应以此说为是。“可惜只卖四万钱”可以是一句诗，但与“清风月明本无价”实难配成一对联，欧阳修何等人也，恐怕不会犯这低级错误，贻笑大方。沧浪亭为园林增胜，欧苏楹联又为沧浪亭添彩。

| 清风逸韵　翰墨流芳 |

江浙为古吴越之地，历史悠久，山川秀丽。山阴道上行，如在画中游。宋室南迁，杭州成为南宋首都，改称临安。千百年来，此地人杰辈出，文化鼎盛，可谓“人文渊薮”。意大利马可·波罗在他的游记中提到杭州：“宫殿规模之大，在全世界可以称最。”“人处其中，自信置身天堂。”

钓台有高风

严子陵钓台，位于浙江省桐庐县城南15千米的富春山麓，富春山在富春江镇西2500米处，因东汉严子陵隐居于此而得名。严子陵，名光，会稽余姚人，东汉初年隐士。少时曾与刘秀同游学。刘秀即位后，不愿出仕，遂更名隐居，“披羊裘钓泽中”。刘秀再三盛礼相邀，授谏议大夫，仍“不屈，乃耕于富春山”。老死于家，年八十。严子陵钓台由东台、西台、严先生祠、石坊、碑园、钓鱼岛、谢翱墓组成。

「严子陵钓台」

桐庐县城西南的富春山上，有一离水面约70米的平台，光洁平整，可坐百余人。相传此台即为东汉名士严光垂钓之处。在此台西部约80米处，又有巨石峭然屹立，这是西台，传说为南宋谢翱台。东西两台，突兀峥嵘，一江碧水，清澈见底，远近青山，岩石奇峭。其景正如清顺治年间进士郑日奎《游钓台记》所描述：

越日，舟行万山中，忽睹云际双峰，崭然秀峙，觉有异，急呼舟子曰：“若非钓台耶？”曰：“然矣！”舟稍近，迫视之，所谓两台，实则两峰也。台称之者，后人为之也。台东西峙，相距可数百步，石铁色，陡起江岸，数百仞不肯止。巉岩傲睨，如高士并立，风致岸然。崖际草木，亦作严冷状。树多松，疏疏罗植，偃仰离奇各有态；倒影水中，又有如游龙百余，水流波动，势欲飞起。峰之下，先生祠堂在焉。意当日垂纶，应在是地，固无登峰求鱼之理……惝恍间，如舍舟登陆，如披草寻蹬，如振衣最高处，下瞰群山趋列，或秀静如文，或雄拔如武，大似云台诸将相，非不杰然卓立，觉视先生，悉在下风……

如今，自富春江水库大坝附近乘游艇，15分钟便到钓台码头。登岸，迎面有石坊，左边为严先生祠。祠堂原是北宋景祐年间范仲淹守睦州时所建，元末毁于火，明清时几经修建。后因富春江水电站建成，祠堂原址淹于水底，建筑迁移今处。由祠堂向左拾级而上，沿途有不少摩崖题记，年久剥蚀，字迹难辨。山腰岔路口有双清亭。往右直上，但见巨石临江壁立，上刻南宋绍兴三十年（公元1160年）徐祖荣题记。东侧一磐石，就是相传严子陵垂钓处。其实，危崖高耸，下临深渊，如何钓得？无非是纪念而已。正如郭沫若诗中所说：“由来胜迹流传久，半是存真半是猜。”

「严先生祠」

钓台留下不少碑刻，明代重刻的北宋著名政治家、文学家范仲淹的《严先生祠堂记》，言简意赅，尤为杰出：

先生，光武之故人也。相尚以道。及帝握《赤符》，乘六龙，得圣人之时。臣妾亿兆，天下孰加焉。惟先生以节高之。既而动星象，归江湖，得圣人之清。泥涂轩冕，天下孰加焉。惟光武以礼下之。在《蛊》之上九，众方有为，而独不事王侯，高尚其事，先生以之。在《屯》之初九，阳德方亨，而能以贵下贱，大得民也，光武以之。盖先生之心，出乎日月之上；光武之量，包乎天地之外。微先生不能成光武之大，微光武岂能遂先生之高哉？而使贪夫廉，懦夫立，是大有功于名教也。

仲淹来守是邦，始构堂而奠焉。乃复为其后者四家，以奉祠事。又从而歌曰：“云山苍苍，江水泱泱，先生之风，山高水长！”

相传刘秀称帝后，曾三次遣使才访得严子陵入京，与之畅叙友情并同榻而卧。睡间，严以足压在刘秀腹上，刘亦不以为然。次日太史上奏：“客星犯帝座，甚急”。刘秀笑道：朕与故人严子陵共卧耳。范仲淹文中的“动星象，归江湖，得圣人之清”，就是这段故事。

据说从南北朝至清朝就有1000多位诗人、文士来过此地，并留下2000多首诗文。宋代吴龙翰诗曰：

万乘从君脚底眠，客星便入史官占。
东都基业随流水，今日斯台尚姓严。

宋代陈著诗曰：

才得心安便是通，乘龙非贵钓非穷。
那知碌碌樊鳞者，尽在先生不钓中。

宋代张浚诗曰：

古木笼烟半锁空，高台隐隐翠微中。
身安不羡三公贵，宁与渔樵卒岁同。

明万历年间进士王思任游钓台，见亭中祠中“俱为时官匾”，且不无“身每在官中，而言每在官外”的矫情清高。他以为严先生“不仕”是出于一种自然情态的“士各有志”，而不是有意示其清高：

夫兰桂之味，以清口出之，则芳；以艾气出之，则秽；咄咄严陵，生得七里明月之眼，而死被万人同堂之哄，严陵苦矣。然而尽去其文乎？曰：“山高水长”，存范仲淹一额可也。

古往今来，此处留下许多诗歌楹联。郑板桥书曰：

先生何许人？羲皇以上；
醉翁不在酒，山水之间。

有一长联，引经据典，慨然直抒胸臆：

一件蓑衣，肮脏朝中黼黻，你有你的四海，我有我的千秋，天下已定，老子何必官耶？本朋友义不君臣，只可把富春山，长让与先生把钓；

两只梦脚，惊动上下星辰，尊莫尊者帝王，高莫高者通德，此才弗用，寡人以为过耶？望严滩却思商皓，纵然标豁过度，能屈他渔父同床。

现代作家郁达夫有游记名篇《钓台的春昼》，并在钓台题壁诗一首：

不是尊前爱惜身，佯狂难免假成真。
曾因酒醉鞭名马，生怕情多累美人。
劫数东南天作孽，鸡鸣风雨海扬尘。
悲歌痛哭终何补，义士纷纷说帝秦。

此诗为郁诗中最脍炙人口的作品之一。其实是1931年1月23日写于上海的一首旧诗。1931年1月，左联五作家被捕，一个月后被杀。此诗戟刺时事，间抒中怀，最能表现郁达夫诗忧伤愤世的特点。尤其次联句，张狂之态毕出，而哀婉之情难掩，实为绝唱。篇末沉痛之中冷然有讥刺之态。诗人凭吊严子陵祠的同时，遥望西台，怀想起宋末元初，谢翱在西台

「谢翱祭吊文天祥处」

恸哭文天祥的大都殉国，有感而吟出：“三分天下二分亡，四海何人吊国殇”。面对幽美的七里滩山水，又吟：“江山如此无心赏，如此江山忍付人？”郁达夫此诗看似与严子陵钓台无关，而忧伤愤世的清操侠骨却与严先生之风一脉相承。

严子陵钓台西部约80米处，又有巨石峭然屹立，是谓西台。传说南宋谢翱曾在此哭祭文天祥。谢翱为文天祥部属，文天祥就义后，谢翱上西台祭吊文天祥，以竹如意击石，写下悲壮的《登西台恸哭记》。谢翱死后葬于钓台对面的江边。故西台亦称谢翱台。后人为了纪念严、谢二人，在西台筑了“双清亭”。富春流不尽，钓台仰高风。

千古兰亭序

兰亭，位于浙江省绍兴市西南十四千米处的兰渚山下，相传为东晋著名书法家王羲之寄居地，此地有“崇山峻岭，茂林修竹，又有清流激湍，映带左右”，是山阴道上风景佳丽之处。据说春秋时越王勾践曾在此植兰，汉时设驿亭，故名兰亭。现址为明嘉靖二十七年（公元1548年）郡守沈启重建。几经反复，于1980年全面修复如初。

兰亭旧址，究在何处？王羲之《兰亭集序》曰：“会于会稽山阴之兰亭”，并无确指。郦道元《水经注·浙江水注》说：“浙江东与兰溪合，湖南有天柱山，湖口有亭，号曰兰亭，亦曰兰上里。太守王羲之、谢安兄弟，数往造焉。吴郡太守谢勋封兰亭侯，盖取此亭以为封号也。太守王羲之移亭在水中。”这里讲的湖当指鉴湖；兰溪，即指兰亭溪。当时鉴湖的范围很大，曾流域兰渚山。由此记载可知，兰亭在晋宋时已数次迁移。文献中有关兰亭的记载有《寰宇记》卷九十六，越州条目中引顾野王《舆地志》曰：“山阴西有兰渚，渚有兰亭，王羲之谓曲水之胜境，制序于此。”

可见兰亭在湖中。宋叶廷珪《海录碎事·地理下·陂泽门》卷三曰："山阴县西南三十里有兰渚，渚有亭曰兰亭，羲之旧迹。"可见宋时，兰亭也在湖中。《嘉泰会稽志》卷九曰："兰渚山在县西南二十七里"，兰亭在兰渚山一带，当时鉴湖在兰渚山一带的流域湮废，兰亭已不在湖中。

吕祖谦《东莱吕太师文集》中有《入越记》一篇，曰："十里含晕桥亭，天章寺路口也，才穿松径至寺，晋王羲之之兰亭。"吕祖谦是以天章寺为兰亭故址的。另据《嘉庆山阴县志》卷七记载："明嘉靖戊申（公元1548年）郡守沈启移兰亭曲水于天章寺前"。又记载："康熙三十四年（公元1695年），奉敕重建，有御书《兰亭诗》，勒石于天章寺侧，上覆以亭；三十七年（公元1698年）复御书'兰亭'两大字悬之。其前疏为曲水，后为右军祠，密室回廊，清流碧沼。"后虽几经兴废，但基本保持明清格局。

一千六百多年来，兰亭变迁的基本线索是这样：兰亭是明朝嘉靖二十七年（公元1548年），由郡守沈启主持，从宋兰亭遗址——天章寺迁移到此，其间几经兴废。清康熙三十二年（公元1693年），康熙御笔《兰亭集序》勒石，上覆以亭。清康熙三十四年（公元1695年），知府宋骏业主持重修。清嘉庆三年（公元1798年），知县伍士备，偕绅士吴寿昌、茹棻等筹资重修兰亭、曲水流觞、右军祠等。并查明旧兰亭址在东北隅石壁下，已垦为农田，于是将垦为农田的旧址重新纳入兰亭。1914年，在右军祠内建墨华亭；1916年增建了文昌阁、驿马亭等建筑。

「兰亭」

公元353年，即东晋永和九年三月三日，王羲之与友人谢安、孙绰等名流及亲朋共42人聚会于兰亭，行修禊之礼，曲水流觞，饮酒赋诗。后来王羲之汇集各人的诗文编成集子，并写了一篇序，这就是著名的《兰亭集序》。传说当时王羲之是乘着酒兴方酣之际，用蚕茧纸、鼠须笔疾书此序，通篇28行，324字，凡字有复重者，皆变化不一，精美绝伦。王羲之酒醒之后，再写此序，始终没有初写之序的神奇效果了。兰亭，融秀美的山水风光，雅致的园林景观，独享的书坛盛名，丰厚的历史文化积淀于一体，以“景幽、事雅、文妙、书绝”四大特色而享誉海内外。其内涵可以用“一序”、“三碑”、“十一景”来概括：“一序”即《兰亭序》；“三碑”即鹅池碑、兰亭碑、御碑；“十一景”即鹅池、小兰亭、曲水流觞、流觞亭、御碑亭、临池十八缸、王右军祠、书法博物馆、古驿亭、之镇、乐池。

鹅池池水清碧，白鹅戏水，诉说着王羲之爱鹅、养鹅、书鹅的传说。池边立石质三角亭“鹅池碑亭”。亭中之碑系清同治年间所建，上书“鹅池”二字，相传“鹅”字为王羲之所书、“池”字为王献之所书，父子合璧，人称“父子碑”。

兰亭碑亭是兰亭的标志性建筑，建于清康熙年间。碑上的“兰亭”两字，为康熙皇帝御笔所书。文革时期此碑被红卫兵砸成四块，后于1980年修复，但已留下了“兰”字缺尾，“亭”字缺头的遗憾。许多游客都喜欢用手去摸这块残碑，碑已被摸得非常光滑，因又称“君民碑”。

曲水流觞有流觞亭，亭前一条“之”字形的曲水，中间有一块木化石，上面刻着“曲水流觞”四个字。显现了王羲之《兰亭集序》所描绘的景象“此地有崇山峻岭，茂林修竹，又有清流急湍，映带左右，引以为流觞曲水，列坐其次”：永和九年（公元353年），农历三月初三，王羲之、谢安、孙绰等42位好友在兰亭修禊，他们让酒杯从曲水上游缓缓漂下来，酒杯漂到谁面前停住了，谁就要饮酒作诗，作不出的则罚酒三觥。活动中共有11人各作诗两首，15人各作诗一首，16人因没有作出诗而罚了酒，王献之也因无诗罚酒，后人笑他：“却笑乌衣王大令，兰亭会上竟无诗。”总共成诗37首，汇成《兰亭集》，众推王羲之作序，王羲之欣然命笔，一气呵成《兰亭集序》，才有“天下第一行书”流传于世。

「流觞亭」

流觞亭旁边对联：“此地似曾游，想当年列坐流觞未尝无我；仙缘难逆料，问异日重来修禊能否逢君”，是由徐生翁撰句，沈定庵先生所写。

亭内陈列着“兰亭修禊图”、“曲水流觞图”及当年的流觞用具复制品，亭背面另悬有清同治年间杨恩澍所书的当年参加雅集盛事之一的一代文宗孙绰所作的《兰亭后序》全文。

御碑亭，始建于康熙年间。1956年毁于台风，1983年重建。亭中立一巨型“御碑”，系清朝原碑，已有300多年历史。碑的正面是康熙皇帝1693年所临写的《兰亭集序》。碑的背面是乾隆皇帝1751年游兰亭时即兴所作的一首七律《兰亭即事诗》。祖孙两代皇帝书法皆可观，所以称祖孙碑。江泽民视察兰亭时曾称之为“国宝”。御碑历经劫难，文革期间，红卫兵要来砸碑，在兰亭驻扎着的血吸虫防治所的医生们得到消息之后，连夜在碑上涂上石灰，以红漆正面写上毛主席的《送瘟神》诗，背面写上毛主席语录“千万不要忘记阶级斗争”。御碑才得以保存下来。

临池十八缸，由十八缸、习字坪、太字碑组成。描述王献之刻苦练习书法，练完了十八缸水，长大后也成为著名的书法家、与王羲之并称“二王”的故事。

「临池十八缸」

王右军祠，建于康熙年间，粉墙黛瓦，四面临水。祠内清池一方，传为书圣洗笔之墨池，池中有墨华亭，亭旁连桥，祠旁环廊，整个建筑集“山水廊桥亭”于一体，独具匠心。祠内陈列王羲之像，两侧回廊是历代名家临写的《兰亭序》刻石。有一首诗概括了右军祠的内涵：山水廊桥亭，天地日月星，唐宋元明清，正草篆隶行。每年农历三月初三的中国兰亭书法节开幕式和书艺交流活动即在祠内举行。

王羲之《兰亭集序》问世之后，天下誉为至宝，王羲之辞世后，《兰亭集序》也成为王家的传世之宝。据说传到第七世孙智永时，因智永出家无子，再传于弟子辩才。酷爱王羲之书法的唐太宗得悉珍宝所在，乃遣御史萧翼以计赚得《兰亭序》真迹。唐太宗得到《兰亭序》后，视为神品，命当时书法名家赵模、韩道政、冯承素、诸葛贞、薛稷等人临摹数本，分赐皇子、亲王及亲近大臣。唐代大书法家褚遂良和欧阳询，也都有临本。唐太宗生前对《兰亭序》爱不释手，多次题跋，置之座侧，朝夕览观。临终时唐太宗对儿子（即后来的高宗）说，“我死后，你只要把《兰亭序》随葬，就是尽孝了”。于是唐高宗依照遗嘱，将《兰亭序》用玉匣贮藏梓宫，葬入昭陵。流传后世的《兰亭序》是唐人临摹本，以“神龙本”和“定武本”最为著名。神龙本现藏故宫博物院，相传为冯承素双钩廓填本，因卷中有唐中宗神龙年号小印，故称“神龙本”。唐太宗盛赞：“所以察详古今，研精篆素，尽善尽美，其惟王逸少乎！观其点曳之工，裁成之妙，烟霏露结，状若断而还连；凤翥龙蟠，势如斜而反正。玩之不觉为倦，览之莫识其端，心慕手追，此人而已。其余区区之类，何足论哉！”唐太宗心慕手追、玩赏不倦的是《兰亭序》真迹，以这段文字对应现在所能看到的临摹本，只有《兰亭序》与之契合，而且只有流传的“神龙本”与这论赞神形酷似、近乎严丝合缝。

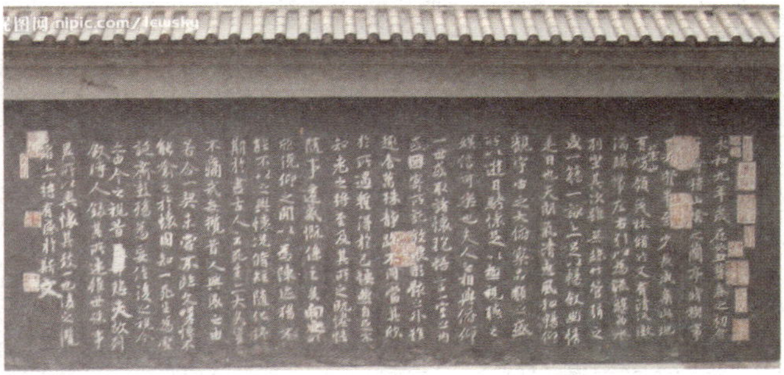

「兰亭碑文」

乾隆《兰亭即事诗》曰：“临池留得龙跳法，聚讼千秋不易评。”因为《兰亭序》真迹随葬昭陵，对于《兰亭序》的真伪问题历来论辩不休，南宋的姜夔、清代李文田都有过质疑。1965 年，郭沫若与高二适的“兰亭论辩”甚至惊动了毛主席，老人家说：“笔墨官司，有比无好。”郭沫若关于《兰亭序》为“伪托”的怀疑，并没有超出姜夔、李文田曾经的质疑。“兰亭之真伪”的官司可能永远打下去也难有结果。这当然丝毫无损王羲之“书圣”的伟大，反而更显其神圣与崇高。如果说西方有荷马史诗，我们则有《离骚》、《史记》；西方有达·芬奇、米开朗基罗的绘画、雕塑，我们则有王羲之《兰亭集序》。马克思称希腊史诗是“高不可及的范本”，《兰亭集序》为“天下第一行书”，也当之无愧。大书法家米芾诗曰：

翰墨风流冠古今，鹅池谁不爱山阴。

此书虽向昭陵朽，刻石犹能易万金。

西湖湖心亭

杭州西湖，三面环山，层峦叠嶂；中涵绿水，波平如镜，全湖面积约5.6平方千米。站在宝石山上放眼四望，孤山峙立，像是水面上的绿色花冠；苏堤、白堤宛若两条绿色缎带，飘逸于湛湛碧水之上；三潭印月、湖心亭、阮公墩三个小岛，如同神话中海上三座仙山一样鼎立湖心。沿湖四周，繁花似锦，缀成一个彩色缤纷的巨大的花环。在绿阴丛中，隐现着数不清的楼台亭阁：放鹤亭、慕才亭、湖心亭、风雨亭、翠微亭…….

“三潭印月”北面有一座花柳相映、绿草如茵的小岛，这就是我国四大名亭之一的西湖湖心亭所在地。

「振鹭亭」

湖心亭，从前叫做振鹭亭，始建于明代嘉靖三十一年（公元1552年），据说这里是当年苏东坡所筑三塔的旧址。明万历二十八年（公元1600年）改称清喜阁。当时清喜阁雕梁画栋，四面临水，花柳相映，景色极佳。明代张岱在《西湖梦寻》中写道：“游人望之如海市蜃楼，烟云吞吐，恐滕王阁、岳阳楼俱无其伟观也。”张岱可谓写西湖的专家。张岱（公元1597—1679年），字宗子，又字石公，号陶庵，绍兴人。明亡后，深抱亡国之痛，遁迹山居，从事著述。所作《西湖梦寻》，为晚明小品文之神品。张岱迷恋西湖，不仅是在春秋佳日流连忘返，就是在“大雪三日”的严冬，他也去造访西湖，并留下了一则美到极致的小品文《湖心亭看雪》：

崇祯五年十二月，余住西湖。大雪三日，湖中人鸟声俱绝。是日更定矣，余拏一小舟，拥毳衣炉火，独往湖心亭看雪。雾凇沆砀，天与云与山与水，上下一白。湖上影子，惟长堤一痕、湖心亭一点、与余舟一芥，舟中人两三粒而已。

到亭上，有两人铺毡对坐，一童子烧酒，炉正沸。见余大喜，曰：“湖中焉得更有此人！”拉余同饮。余强饮三大白而别。问其姓氏，是金陵人，客此。及下船，舟子喃喃曰：“莫说相公痴，更有痴似相公者！”

张岱用湖上“一痕”、“一点”、“一芥”和“两三粒”的影子反衬冰雪满天一片白茫茫的景象，创造出一个晶莹、洁白、气象混茫的艺术境界。酷似水墨写意，勾勒出一幅空灵、寂静、浑然别致的西湖雪夜图。作者深厚的艺术功力，在此寥寥数语中展露得风神俱足，有孤傲绝尘、超迈玄远之概，令人过目不忘，心向往之。

万历年间进士张京元，对西湖也是入迷如痴，他的专著《湖上小记》以传神写意的勾绘、多种画面的组合，展现了西湖的总体风貌，是一部著名的小品文集。其中《湖心亭》一节尤为绘声绘色：

湖心亭雄伟空阔，时晚照在山，倒射水面；新月挂东，所不满者半规，金盘玉饼，与夕阳彩翠，重轮交网，不觉狂叫欲绝。恨亭中四字匾，隔句对联，填楣盈栋，安得借咸阳一炬，了此业障。

张京元爱湖心亭的“雄伟空阔”之深，恨亭中匾额、楹联“填楣盈栋”之切，那么亭中楹联究竟如何呢？

乾隆皇帝题过“静观万类”匾额，此景、此情、此理，观照湖心亭，应该说题这四个字的匾额是很好的。乾隆又在此留有一联：“波涌湖光远；山催水色深。”这个似乎真的不算出色。但是也有非常出色的，比如郑烨的对联：

亭立湖心，俨西子载扁舟，雅称雨奇晴好；
席开水面，恍东坡游赤壁，偏宜月白风清。

张岱的一联也不错：

如月当空，偶似微云点河汉；
在人为目，且将秋水剪瞳神。

如今的湖心亭修葺一新，丹柱玉立，翘角飞檐，黄色琉璃瓦顶，既轻盈飞动，又秀丽堂皇。在湖心亭极目四眺，湖光皆收眼底，群山如列翠屏，在西湖十八景中称为“湖心平眺”。平眺此亭，环岛皆水，环水皆山，置身湖心亭，确有身处“世外桃源”之感。值得一提的还有胡来朝作《湖心亭柱铭》：

四季笙歌，尚有穷民悲月夜；六桥花柳，浑无隙地种桑麻。

这副铭文看似有些煞风景，但游人在流连风景之余，读了未必没有好处。

湖心亭西北面，有一座柳色青青的绿色小岛，即为新西湖十景之一的阮公墩。清嘉庆五年（公元 1800 年），浙江巡抚阮元疏浚西湖时，民工挖一亿四百多万千克淤泥堆积而成。阮元，字伯元，号芸台，江苏仪征人，清代著名学者。为纪念他对浙江文化发展、保留古代文籍及治理西湖的功绩，命名该岛为“阮公墩”。由于泥土松软，不宜建造别墅，荒芜了百余年。直至 1982 年，在这面积 5600 多平方米的岛上，增添 100 多万千克泥土，周围块石加固，兴建有“忆芸亭”、“云水居”、“环碧小筑”等，后又辟垂钓区、“环碧庄”，形成颇具特色的“绿树花丛藏竹舍”的水上园林。

「阮公墩」

湖心亭与阮公墩、三潭印月三岛组成“品”字，仿佛蓬莱、瀛洲、方丈三座仙山相约而至西湖。在此观西子湖，方能深味“晴好雨奇，浓妆淡抹”永恒的魅力。

昔人有赞湖心亭诗曰：

百遍清游未拟还，孤亭好在水云间。
停阑四面空明里，一面城头三面山。

一楼名八咏

千古风流八咏楼，江山留与后人愁。
水通南国三千里，气压江城十四州。

——李清照《题八咏楼》

八咏楼原名玄畅楼，也称元畅楼。位于浙江金华市城区东南隅，坐北朝南，面临婺江，楼高数丈，共四进，依次为楼阁、前厅、二厅和楼屋，屹立于百级石砌台基之上。登楼远眺，蓝天万里，白云朵朵，南山连屏，双溪蜿蜒，尽收眼底。现存建筑，第一进为主体建筑，重檐楼阁，歇山屋顶，翼角起翘，石砌台基。此楼系南朝齐隆昌元年（公元 494 年），东阳郡太守、著名史学家和文学家沈约建造。竣工后沈约曾多次登楼赋诗，写下了不少脍炙人口的诗篇，其中有一首《登元畅楼》云："危峰带北阜，高顶出南岑。中有凌风榭，回望川之阴。岸险每增减，湍平互浅深。水流本三派，台高乃四临。上有离群客，客有慕归心。落晖映长浦，焕景烛中浔。云生岭作黑，日下溪半阴。信美非吾土，何事不抽簪。"并在此基础上又增写了八首诗歌，称为《八咏》诗，是当时文坛上的长篇杰作，传为绝唱。故从唐代起，遂以诗名改元畅楼为八咏楼。北宋至道年间定今名。南宋淳熙十四年（公元 1187 年）扩建，将沈约的八咏诗勒于石碑。元皇庆年间（公元 1312—1313 年）楼毁于火，碑亦不存。明洪武五年（公元 1372 年）于八咏楼废址建玉皇阁，后玉皇阁毁。万历年间（公元 1573—1620 年）重建八咏楼。现存八咏楼为清嘉庆年间（公元 1796—1820 年）重建。1984 年对旧楼进行了大修。

「八咏楼」

沈约（公元 441—513 年），字休文，吴兴武康（今浙江德清）人，南朝史学家、文学家，齐梁文坛领袖。提出诗歌创作的"四声八病"说，和谢朓等开创了"永明体"，讲求声韵格律，促成了诗歌由古体向近体的发展。

沈约出身于门阀士族家庭，历史上有所谓"江东之豪，莫强周、沈"的说法，家族社会地位显赫。历仕宋、齐、梁三朝。在宋仕记室参军、尚书度支郎。在齐仕著作郎、尚书左丞、骠骑司马将军，为文惠太子萧长懋太子家令，"特被亲遇，每直入见，影斜方出"。竟陵王萧子良开西邸，招文学之士，沈约为"竟陵八友"之一，与谢朓交好。齐梁禅代之际，他帮助梁武帝萧衍谋划并夺取南齐，建立梁朝。曾为武帝连夜草就即位诏书。萧衍认为成就自己帝业的，是沈约和范云两个人。萧衍封他建昌县侯，官至尚书左仆射，后迁尚书令，领太子少傅。晚年与梁武帝产生嫌隙。十二年（公元513年），忧惧而卒，时年七十三。诏赠本官，赐钱五万，布百匹。有司请谥沈约为“文”，梁武帝道：“怀情不尽曰隐。”故改谥为“隐”。后世称沈隐侯。

沈约诗文兼备。当时的许多重要诏诰都是出自于他的手笔，在齐梁间的文坛上负有重望。《南史》称：“谢玄晖善为诗，任彦升工于笔，约兼而有之，然不能过也。”钟嵘《诗品》将沈约的诗作定为中品，评道：“梁左光禄沈约。观休文众制，五言最优。详其文体，察其馀论，固知宪章鲍明远也。所以不闲于经纶，而长于清怨。永明相王爱文，王元长等皆宗附之。约于时谢朓未遒，江淹才尽，范云名级故微，故约称独步。虽文不至其工丽，亦一时之选也。”在“永明体”诗人中，沈约占有重要地位。钟嵘以“长于清怨”概括沈约诗歌的风格。这种特征主要表现在他的山水诗和离别哀伤诗之中。

「沈约」

沈约的“八咏”诗，也可归于山水诗。《重建八咏楼碑记》载：“古东阳之有是楼也，始于梁，曰玄畅楼，后改名曰八咏，以沈隐侯之八咏故也。”隐侯是沈约之谥号。公元494年，沈约“除吏部郎，出为宁朔将军，东阳太守”。明升暗降，被贬远谪，自有一番凄凉之感。但金华山有仙华洞之奇，水有双溪绣毂之胜，风光秀丽，使沈约颇感欣慰，加上“民清讼简”，于是兴土木建楼，历一年零八月建成，名之“玄畅楼”。作诗曰：

登楼赏秋月，会圃临春风。岁暮愍衰草，霜来悲落桐。夕行闻夜鹤，晨征听晓鸿。解珮去朝市，被褐守山东。

吟完此诗，意犹未了，沈约又以诗的每句为题，扩写成八首长诗，诗无定句，句无定字，短则56字，长则250字，脍炙人口。其中最有名的是《登玄畅楼》：“危峰带北阜，高顶出南岑。”（此说与前面说法有异，似应以此说为是。）玄畅楼所处位置是旧时金华的至高点，“台高乃四临”。北有北山双龙风景区，闻名遐迩；南有括苍诸峰，连若屏障。义乌江和武义江汇流其下，名双溪，俗称婺江。“水流本三派”即指此而言。《登玄畅楼》诗写景清新，抒情真切，塑造了一位“离群客”的孤独形象，透露出一种感伤的情调。钟嵘以“长于清怨”四字品鉴沈约诗风，是很恰当的。

与沈约同时的谢朓，在钟嵘《诗品》中也被列为“中品”，不算很高。从文学史的角度看，谢朓、沈约都是由古体诗向近体格律诗过渡的人物。他们的诗出于谢灵运，而得其新丽、遗其生僻；他们受鲍照的影响，而避其艰涩、接近自然。他们重声律，重雕绘，更多的依靠巧思，已趋近后来的律体诗。南朝齐永明年间，周颐著《四声切韵》，提出平上去入四声。

沈约与谢朓、王融、范云等人一起，将四声的区辨同传统的诗赋音韵知识相结合，规定了一套五言诗创作时应避免的声律上的毛病，就是后人所记之“八病”。即平头、上尾、蜂腰、鹤膝、大韵、小韵、旁钮、正钮等八种声病。

“八病”具体为何，说法不一。“四声八病”说为后来产生近体诗奠定了基础。至钟嵘时期，“永明体”流行，“四声八病”说充斥文坛，片面追求技巧，文风更趋华丽，形成了“文多拘忌，伤其真美”之流弊。钟嵘反对“声病”之说，主张诗歌“真美”，这是沈约、谢朓之诗都只是列入“中品”的原因吧。但是，另一方面，诗歌的重声律、重雕绘、重形式、讲技巧，也是诗歌发展的必然趋势和客观要求，没有南北朝时的创造性的探索与过渡，就很难出现唐代律体诗的辉煌壮观，而沈约的“八咏诗”，正是实践其“四声八病”说的集约式的呈现。

以诗文名楼，这不算稀奇；像八咏楼这样，不是以诗的内容，而是以诗的形式、技巧、数量来为一座楼阁命名，这在长江流域的楼台亭阁中也算独一份了，这当然是对沈约的成就与贡献的信服和肯定。至唐代将元畅楼改名八咏楼以后，八咏楼更成为历代文人墨客登临吟咏之处。李太白有诗曰：“径出梅花桥，双溪纳归潮。落帆金华岸，赤松若可招。沈约八咏楼，城西孤岧峣。”

千百年来，八咏楼不仅与历代文人名士结下亲缘，也与英雄人物有着密切关系。唐代的严维，宋代的李清照、吕祖谦、谢翱，元代的赵孟頫等诗人都曾慕名前来登临题咏，留下不少诗文名篇。元末明初大将胡大海、明代抗倭英雄戚继光、太平天国侍王李世贤等，都曾登上八咏楼检阅部队。明末兵部尚书朱大典，在八咏楼率兵与清军激战，壮烈牺牲。周恩来1939年来到浙江金华，也曾在八咏楼下的八咏滩头召开千人群众大会，宣传团结抗战的方针。

江南藏书阁

书籍是文化的载体，也是文化发展的一个标志。浙江藏书历史悠久。藏书成为文人雅士一大爱好。黄宗羲《天一阁藏书记》中感叹："读书难，藏书尤其难，藏之久而不散，则难之难矣！"据统计，自晋至清，浙江私人藏书家达359人，藏书楼有名可稽的就有180处。然而，由于水火兵燹等种种原因，真正能够"藏之久而不散"者，却是寥若晨星：天一阁、玉海楼、文澜阁、嘉业堂……其中，天一阁堪称中国藏书史上的一个奇迹。正如清代乾嘉时期的学者阮元所说："范氏天一阁，自明至今数百年，海内藏书家，唯此岿然独存。"

天一阁位于浙江宁波月湖之西，是中国现存最早的私家藏书楼，也是亚洲现有最古老的图书馆和世界最早的三大家族图书馆之一。天一阁占地面积2.6万平方米，建于明朝中期，由当时退隐的兵部右侍郎范钦主持建造。天一阁有"江南书城"之美誉。

「天一阁」

范钦，明嘉靖年间的进士，足迹布及半个中国，官至兵部右侍郎。他为人耿直，曾因顶撞武定侯郭勋，蒙受冤狱，遭廷杖之罚。又因秉公执法而得罪权臣严世蕃。而让范钦青史留名的，不是他的政绩，而是他留给后世的这座藏书楼。

《鄞县志》记载，范钦“性喜藏书，起天一阁，购海内异本，列为四部。尤善收说经诸书及先辈诗人集未传世者。浙东藏书家，以天一阁为第一，有功文献甚大”。

著名学者王世贞与范钦互相仰慕，相约互抄书籍。范钦每到一地，总是多方搜访当地之古籍，尽力收购，或雇人抄录。他的藏书有不少得之于当时另一位藏书家丰坊的万卷楼，范钦因此增加了不少抄本，最后藏书数达七万余卷。

范钦的藏书处原名“东明草堂”，天一阁是他辞官归里后辟建的。据清学者全祖望记载，建阁之初，曾得吴道士龙虎山天一池石刻，范钦大喜，以为正合《易经》中“天一生水……地六成之”之意，于是即以“天一”为阁名。楼前是天一池，蓄水防火。阁分上下两层，上层藏书处是一大通间，中间隔以书橱；下层六间。如此设计，暗含“天一地六”。乾隆皇帝下诏编修《四库全书》，他也曾低下架子，命人前来索取图样，以仿天一阁构式，兴造其南北七座藏书阁，以保存《四库全书》。

「天一阁藏书楼」

天一阁能够垂世四百余载，得益于范钦及其后人严密的保护措施。阮元曾记载，天一阁“阁前略有池石……不使持烟火者入其中，其能久一也”。藏书楼远离住宅，又有严格的防火措施，使天一阁免遭火灾。而中国古代藏书楼毁于一炬者，何可胜数？如钱谦益的绛云楼就是一例。曹溶《绛云楼书目题辞》中记载：某日，其幼女中夜与乳媪嬉楼上，剪烛花，误落纸堆中，遂燃。宗伯楼下惊起，焰已弥天，不及救，仓皇走出。俄顷，楼与书俱尽。

范钦及其后人为保护好藏书还制定了一些具体的禁约。例如：禁止书下阁梯，非各房子孙齐至，不开锁。子孙无故开门入阁者，罚不与祭（即参与祭祖）三次。私领亲友入阁及擅开书橱者，罚不与祭一年；擅将藏书借出外房及他姓者，罚不与祭三年；因而典鬻者，永摈逐不与祭。

范钦的侄子范大澈，性喜读书。“月俸所入，辄以聚书”，还精于识别版本，初版、原版、赝本、纸质的优劣能一眼识破，时人称其“怪雅异集”。他到天一阁借书，常遭拒绝。于是发愤搜集海内异书秘本，建“西园”、“卧云山房”以藏书。每得一奇书，便备酒宴，邀叔父前来观赏。范钦每见侄子购到天一阁所无之书，则羡慕之至，爱不释手。

如此“书痴”当然不仅限于范姓。民间流传这样一则故事：

嘉庆年间，宁波知府的内侄女钱绣芸闻天一阁藏书甚丰，兼藏芸草一本，色淡绿而不甚枯，三百年来书不生蠹。这位嗜书女子心驰神往，遂绣芸草数百本，托太守为媒嫁与范氏后裔范邦柱，以求能登阁观书，并一见芸草。不料族规禁止妇女登阁。钱绣芸因此忧郁得病，含恨以终。临终前央求丈夫：“君如怜妾，死葬阁之左右，妾瞑目矣。”

史志记载，第一个开了阁禁的是浙东学派创始人黄梨洲（宗羲）先生。因为梨洲先生的道德文章受到时人敬仰，范氏各房准许他登上了书楼。他读到了不少奇书异本，并“取其流通未广者抄为书目”。此后一二百年中，得幸登阁的著名学者，有万斯同、徐乾学、全祖望、钱大昕、阮元、薛福成、缪荃孙等十余人。

今天我们读到清阮元“人间庋阁足千古；天下藏书只一家”的楹联，情不自禁地还会想到嘉惠后人的藏书家范钦，想到继承其业绩的范氏后人以及天一阁几百年来艰难的历程。相传，范钦晚年与书阁为伴，一直活到83岁。临终时将家产分作两份：一份是天一阁全部藏书，一份是万两白银。儿子大冲选择了天一阁的万卷藏书，并且发展了父业。天一阁传到范钦的八世孙范懋柱手上，正值乾隆皇帝为编纂《四库全书》而下诏采访天下遗书，其中点到了天一阁。范懋柱奉诏进呈的638种珍贵古籍，后来并未如数发还。

以后的岁月中，天一阁又饱经劫难，到20世纪50年代初，仅存藏书13000余卷。存书大都是明代刻本和抄本，其中明代地方志和科举题名录尤富，是研究明史的珍贵文献。20世纪50年代后，设置了专门机构，访得流失在外的原藏书3000多卷，又增入当地收藏家捐献之书。现珍藏版善本达80000卷。

「尊经阁」

清康熙时，范钦后人在阁前增设假山，环植树木，清幽精致，与藏书楼浑然一体。1933年重修时，又把宁波孔庙的尊经阁迁来后院，并集中安置宁波自宋至清的碑刻，称明州碑林，成为天一阁的附属部分。

郭沫若曾为天一阁作集句联：

此地有崇山峻岭，茂林修竹；

其人读三坟五典，八索九丘。

从20世纪50年代直至20世纪90年代，天一阁一次次被大规模地修缮和充实，天一阁本身已成为一个清幽、古朴、精致的自然人文景观，是人们游览宁波时必须要访谒的一个去处，让人们领略中国文化保存和流传的艰辛历程，领略一个古老民族对文化的渴求。

南湖烟雨楼

烟雨楼是嘉兴南湖湖心岛上的主要建筑，现已成为岛上整个园林的泛称。烟雨楼，正楼两层，高约20米，建筑面积640余平方米，重檐画栋，朱柱明窗，在绿树掩映下，更显雄丽秀伟。楼前檐悬“烟雨楼”匾额，为董必武先生所书。烟雨楼因唐朝诗人杜牧“南朝四百八十寺，多少楼台烟雨中”的诗意而得名。

五代后晋时（公元940年前后），吴越国广陵王钱元镣“台筑鸳湖之畔，以馆宾客”，即在南湖畔建楼舍为“登眺之所”，其时并无“烟雨楼”之名。据《至元嘉禾志》载，烟雨楼三字始见于南宋吴潜《水调歌头·题烟雨楼》词。湖畔的烟雨楼虽几易其主，迭经兴废，但一直是观赏湖光之佳处。明嘉靖二十八年（公元1549年），嘉兴知府赵瀛在湖心岛上建烟雨楼，从此楼处湖中，后几度修葺，至明末楼毁。清初再建，主楼坐南朝北，面对城垣。到乾隆南巡时，烟雨楼改建为南向而北负城郭。

乾隆六下江南，多次登烟雨楼，一再赋诗，备致赞赏，曾亲画烟雨楼图，刻石置于楼中，并照此楼的样式在热河承德避暑山庄的青莲岛上仿建一所楼阁，亦名烟雨楼。清同治初年，烟雨楼又毁于战火，直到公元 1918 年才重建主楼，形成现在的格局。抗日战争期间，烟雨楼被日寇强占作“华中铁道公司”食堂。抗战胜利后名楼回归。新中国成立以来多次加以修葺，古老园林焕发新貌。昆明大观楼、武汉黄鹤楼、岳阳岳阳楼，雄峻高大，都可以称为“耸峙”的；而烟雨楼是“坐”的，“坐”在垣墙之内，平台之上。

烟雨楼入口处为“清晖堂”，门东北向，北墙嵌有石碑，刻“烟雨楼”三个大字，为清顺治年间冀应龙所书。入清晖堂，两侧左为“菱香水榭”，右为观音阁。清晖堂后为“御碑亭”，石碑上刻有乾隆游南湖题诗的手迹。御碑亭进去就是烟雨楼正楼。楼两层，重檐画栋，朱柱明窗，绿树掩映。正厅楹联：“烟雨楼台，革命萌生，此间曾着星星火；风云世界，逢春蛰起，到处皆闻殷殷雷。”此联亦董必武所书，书体端正劲挺，堪称一代楷模。楼上下均有回廊环通，登楼凭栏远眺，田园湖光尽在眼底。

「烟雨楼」

烟雨楼前是开阔的平台，有两棵古银杏树参天挺立。台外栏杆下有“钓鳌矶”刻石。烟雨楼后，假山巧峙，花木扶疏。假山西北，亭阁错落排列，回顾曲径相连，玲珑精致，各具情趣。宝梅亭内陈列有元吴镇风竹刻石，清彭玉麟梅花碑。亭外堤岸，垂柳翠竹掩映，墙上砌明代书画家董其昌所书“鱼乐国”碑。自宝梅亭前行，依次为“来许亭”、“鉴亭”。来许亭建于清同治十二年（公元 1873 年）， 现亭内悬挂沈定一所书“民国元年孙中山先生来游于此”匾。鉴亭建于清光绪元年（公元 1875 年），壁上有许瑶光作鉴亭铭石刻。出鉴亭为一紫藤架，枝干虬曲，绿荫覆地。由此出园侧门下石阶，即至长堤西部。循堤左行，有荷花池，池湖相连处，小桥轻架，是为万福桥。桥东南边停泊着革命纪念船。长堤集园林内外景于一体，红船、荷池、钓鳌矶、烟雨楼，层次丰富，风光优美。

揽秀亭坐落在嘉兴南湖西岸文星桥畔，是嘉兴市近年兴建的一座文物碑刻公园。因嘉兴旧名秀州、秀水，而取名揽秀亭。小瀛洲为南湖东北部小岛，与烟雨楼南北相望，俗称小南湖。清康熙年间疏浚市河，堆泥于此，遂成一分水墩，初为渔民晒网之地，后渐成游览胜处。有“舞蛟石”为江南名石，相传为唐代故物，一说是北宋末年“花石纲”遗物。石上刻有篆书“舞蛟”二字，传系元代大书法家赵孟頫所书。

烟雨楼前有一滨湖平台，名为钓鳌矶，旧时被认为是嘉兴一郡文运之象征。建造钓鳌矶的是嘉兴万历年间的知府龚勉，“钓鳌矶”三字也是他所题。龚勉任嘉兴知府期间，把重修烟雨楼及在南湖湖心岛上建瀛洲十二胜景，视作自己的得意之笔，他的一首《春日登烟雨楼》吟道：

孤屿当空涌碧涛，屿中楼阁入云高。苍茫仙峤浮湖面，缥缈瀛洲隔市嚣。烟雨一天唯此胜，风流千古独吾曹。春来东海桃花浪，还向矶头钓巨鳌。

南湖作为江南游览胜地，历来以湖中多画舫著称。张岱记《烟雨楼》中说：“湖多精舫，美人航之，载书画茶酒，与客期于烟雨楼。”湖中多有画舫、精舫、唱曲船、丝网船、网船、挡板船、赤壁（膊）船、小洋船、公渡船等，以供载客游湖。1921 年 7 月，中共“一大”在上海秘密举行。

「访踪亭」

7 月 30 日晚，因突遭法国巡捕搜查，会议被迫休会。8 月 2 日上午，“一大”代表毛泽东、董必武、陈潭秋、王尽美、邓恩铭、李达、张国焘、刘仁静、周佛海、包惠僧等，由李达夫人王会悟作向导，从上海乘火车转移到嘉兴，在南湖的一艘丝网船上完成了大会议程，宣告了中国共产党的诞生。筹建南湖革命纪念馆时，进行调查研究，并请中共“一大”会议时来嘉兴安排游船的直接当事人王会悟回忆，仿制了一艘丝网船模型，送到北京请中共“一大”代表董必武审定认可。此后，按模型原样仿制了一艘画舫，作为南湖革命纪念船，以供瞻仰。1964 年，董必武重来南湖。他登上画舫，感慨万千，挥毫题诗一首：“革命声传画舫中，诞生共党庆工农。重来正值清明节，烟雨迷蒙访旧踪。”在纪念船停泊处的岸上，建有访踪亭，亭内立董必武诗碑，亭额“访踪亭”三字由杨尚昆题写。

主要参考文献

[1] 陆游（宋）. 陆游集 . 北京 : 中华书局，1976.

[2] 洪迈（宋）. 容斋随笔 . 上海 : 上海古籍出版社，1978.

[3] 吴楚才 , 吴调侯（清）. 古文观止全译 . 合肥 : 安徽教育出版社 . 1984.

[4] 周振甫 . 文心雕龙今译 . 北京 : 中华书局，1986.

[5] 牛宝彤 . 三苏文选，成都 : 四川人民出版社，1983.

[6] 段宝林 . 江溶，中国山水文化大观 . 北京 : 北京大学出版社，1996.

[7] 文化部 . 中国名胜词典 . 上海 : 上海辞书出版社，1986.

[8] 冯至 . 中国文化知识精华 . 南京 : 江苏文艺出版社。1994.

[9] 贝定振 , 叶幼明 . 历代游记选 . 长沙 : 湖南人民出版社，1980.

[10] 蒋松源 . 历代山水小品 . 武汉 : 湖北辞书出版社，1985.

[11] 刘大杰 . 中国文学发展史 . 上海 : 上海古籍出版社，1983.

[12] 游国恩 . 中国文学史 . 北京 : 人民文学出版社，1963.

[13] 袁庭栋 . 巴蜀文化 . 沈阳 : 辽宁教育出版社，1991.

[14] 黄振林 . 古城长沙 . 长沙 : 湖南美术出版社，1983.

[15] 赵浩如 . 昆明揽胜 . 昆明 : 云南人民出版社，1980.

[16] 陈安吉 . 可爱的南京丛书 . 南京 : 南京出版社，1997.

[17] 徐艺乙 . 江南水乡的民俗与旅游 . 北京 : 旅游教育出版社，1996.

[18] 吴晓华 . 吴山越水的民俗与旅游 . 北京 : 旅游教育出版社，1996.

[19] 流连，江南佳丽地——南京 . 武汉 : 中国地质大学出版社，1997.

[20] 高安宁 . 秦淮风情 . 南京：南京出版社，1995.

[21] 庄小军 . 钟山风光 . 南京：南京出版社，1996.

[22] 马昌松 . 黄鹤楼纵横谈 . 武汉 : 武汉出版社，1993.

[23] 张城杰 . 黄鹤楼诗词文联选集 . 武汉 : 华中工学院出版社，1984.

[24] 王建辉 , 易崇 . 中国文化知识精华 . 武汉 : 湖北人民出版社，1989.

[25] 裴国昌 . 中国楹联大词典 . 南京 : 江苏科学技术出版社，1997.

[26] 罗哲文 . 中华名楼 . 南宁 : 广西教育出版社，1997.

后记

我几十年从事长江航运工作，近几年又开始从事长江游船旅游，长江沿线的名胜古迹包括著名的楼台亭阁，是我们旅游产品的重要内容，亦是我不断创作的源泉，所以完成这本书的写作，既是我们的责任，也有浓厚的兴趣。无论作为一名旅游工作者，还是作为一名游客，在接触长江流域的楼台亭阁时，或登临观赏，或听导游解说，或网上收索资料，常常会见闻一些错讹，尤其是一些导游的自以为是的以讹传讹，更是误人不浅。比如黄鹤楼上有名的联语“爽气西来，云雾扫开天地憾”，就常见有人写成撼动的“撼”；我游滕王阁时，导游背诵滕王阁诗，就把“画栋朝飞南浦云”的“朝”读成朝廷的“朝”；还有把竖排的对联上下联颠倒的，更比比皆是。古语云：“修辞立其诚。”介绍说明楼台亭阁，首先追求准确性，即前人所说“信达雅”的“信”，这似乎是基本的要求，但做到并不简单，因为有以讹传讹的影响，也有自身积累和见识的局限。其次追求文化性，长江流域的楼台亭阁既是物质的，更是精神与文化的，从登临游览的意义上当然是精神与文化更重要，影响更深远。位于四川省绵阳市龟山之巅的越王楼，是唐太宗李世民第八子越王李贞任绵州刺史时所建，始建于唐高宗显庆年间，规模宏大，富丽堂皇，楼高百尺，时居四大名楼之首；可是文化含量远不及“江南三大名楼”，就算它再高大“霸气”，也只能遗憾“落选”。我有诗曰：山之绝顶水之头，太白曾经咏上楼。此阁人称最高峻，越王政美亦风流。不逢王勃惊天序，黄鹤岳阳莫与俦。在登临文化上，我是古典主义者，高人韵士登临楼台亭阁留下的杰作华章，够我们欣赏受用的了。其三追求可读性，即前人所谓“信达雅”的“雅”。本书是以游记形式来写的，可读性不是一味的通俗，而是易中天先生所谓“亲切的高端”，文字好读，雅健雅趣。虽不能至心却向往之吧！最后要感谢张远琴先生的合作，为我分担了大量的工作；感谢丛书主编老师们的编审校订；感谢长江出版社张琼的无私帮助与热情鼓励。本书写作中参考采用了一些资料、照片，因篇幅和时间所限，未能一一标注，敬请各位专家学者谅解。

金桂云　张远琴

2015 年 8 月

图书在版编目(CIP)数据

长江流域的楼台亭阁/金桂云,张远琴编著.
—武汉:长江出版社,2015.9
(长江文明之旅丛书)
ISBN 978-7-5492-3663-3

Ⅰ.①长… Ⅱ.①金…②张… Ⅲ.①长江流域—名胜古迹—介绍 Ⅳ.①K928.705

中国版本图书馆 CIP 数据核字(2015)第 211119 号

长江流域的楼台亭阁　　金桂云 张远琴 编著

责任编辑:张琼
装帧设计:刘斯佳
出版发行:长江出版社
地　　址:武汉市解放大道 1863 号　　邮　　编:430010
E-mail:cjpub@vip.sina.com
电　　话:(027)82927763(总编室)
(027)82926806(市场营销部)
经　　销:各地新华书店
印　　刷:武汉科源印刷设计有限公司
规　　格:787mm×1092mm　1/16　10.5 印张　143 千字
版　　次:2015 年 9 月第 1 版　2015 年 9 月第 1 次印刷
ISBN 978-7-5492-3663-3
定　　价:29.80 元